Liebe Leserinnen, liebe Leser!

Der Fotograf ***Ernst Wrba*** *aus Wiesbaden arbeitete bereits zum wiederholten Mal in Dresden. Er schätzt das historische Bild der Stadt, ihre Kunstschätze und das enorme kulturelle Angebot.*

Dem Charme der Stadt kann sich Autorin ***Astrid Pawassar*** *nicht entziehen. Seit zwanzig Jahren schätzt sie an ihrer Wahlheimat vor allem die Dresdner Lebensart, die es schafft, Fortschritt mit Gemütlichkeit zu verbinden.*

Gemäß der F.U.R. Reiseanalyse 2018 ist Dresden das viertbeliebteste Städtereiseziel der Deutschen (nach Berlin, Hamburg und München). Angesichts einzigartiger Sehenswürdigkeiten verwundert der Gästeboom nicht. Immerhin kann „Elbflorenz“ mit 60 Galerien, 48 Museen und 36 Theatern bzw. anderen Bühnen aufwarten.

Highlights zum Schauen und Genießen

All diese Kultureinrichtungen wird niemand – selbst bei einem etwas längeren Aufenthalt in der sächsischen Landeshauptstadt – besuchen können. Wenn Sie aber sicher gehen wollen, dass Sie wirklich kein Highlight verpassen, dann beachten Sie S. 6/7, unsere Übersicht der Topziele. Hier finden Sie natürlich die Frauenkirche, das Residenzschloss, den Zwinger und die Semperoper, aber auch Empfehlungen für den Besuch der Neustadt oder der sehenswerten Elbschlösser. Wenn Sie schließlich genug von all der Kultur haben, dann lege ich Ihnen die „Favoriten“ von Astrid Pawassar ans Herz. Auf S. 64 stellt sie Ihnen ihre Lieblingscafés vor, wie gemacht für eine Pause zum Genießen und Schauen. Die vierstöckige Porzellantorte in der Schinkelwache müssen Sie einfach probieren! Oder darf es lieber etwas Ablenkung am Abend sein? Bei Frau Pawassars Vorschlägen bezüglich der Clubs & Bars ist sicher auch für Sie etwas Geeignetes dabei (S. 78).

Blaue und andere Wunder

Mich persönlich fasziniert ebenso wie die Stadt selbst die einmalige Umgebung. Verlässt man Dresden in südöstlicher Richtung, so wachsen bald bizarre Felsen und Türme aus dichtem Wald empor: Die Sächsische Schweiz ist ein herrliches Ausflugs- und Wandergebiet (die spektakulärste Route ist der Malerweg, siehe Aktiv-Tipp S. 99). Noch kürzer ist der Weg nach Loschwitz, den vielleicht schönsten Stadtteil Dresdens mit seinen prächtigen Villen. Hierher kommt man mit Schwebebahn oder Standseilbahn und blickt auf die Elbhänge und das sogenannte Blaue Wunder, die 1893 errichtete Loschwitzer Brücke.

Herzlich

Ihre

Birgit Borowski
Programmleiterin DuMont Bildatlas

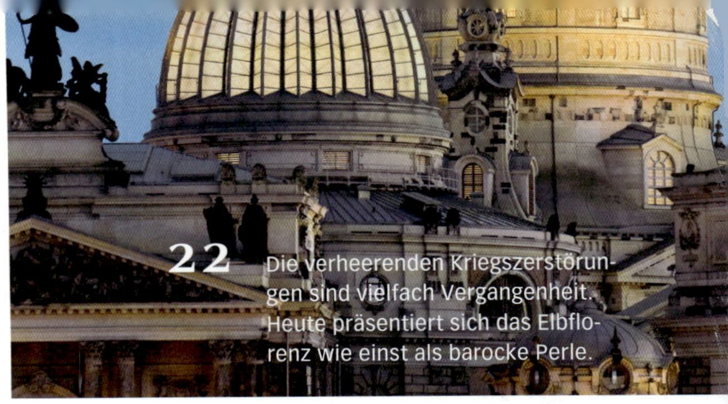

22 Die verheerenden Kriegszerstörungen sind vielfach Vergangenheit. Heute präsentiert sich das Elbflorenz wie einst als barocke Perle.

58 Viel Grün umgibt die Dresdner. In unmittelbarer Nachbarschaft der Altstadt liegt der Große Garten und vor den Toren eine vielgestaltige Landschaft.

104 Schloss Wackerbarth in Radebeul ist ein weinkulturelles Aushängeschild Sachsens. Hier wird Wein zum köstlichen Erlebnis.

Impressionen

Dresdner Altstadt

Kulturstadt Dresden

Grünes Dresden

UNSERE FAVORITEN

BEST OF ...

Dresdens Neustadt

Sächsische Schweiz

Elbland / Erzgebirge

Anhang

DuMont Aktiv

Genießen Erleben Erfahren

Maßstab 1:320.000
0
3
6km
DRESDEN
MEISSEN
RADEBEUL
FREIBERG
PIRNA
FREITAL
COSWIG
Dresdner Heide
Sächsische Weinstraße
Deutsche Alleenstraße
Elbsandsteingebirge
Nationalpark Sächsische Schweiz
Moritzburg
Radeberg
Heidenau
Königstein
Bad Schandau
Glashütte
Dippoldiswalde
Tharandt
Wilsdruff
Bad Gottleuba
Dohna
Berggießhübel
Stolpen
Lohmen
Hohnstein
Neustadt in Sachsen
Děčín

Maßstab 1:25.000
0
400m
Innere Neustadt
Johannstadt-Nord
Johannstadt-Süd
Innere Altstadt
Pirnaische Vorstadt
Altstadt
Wilsdruffer Vorstadt/Seevorstadt-West
Seevorstadt-Ost/Großer Garten
Striesen-Süd
Elbe
Dresden Hbf.
Dresden-Mitte
Sportpark Ostra
Carolabrücke
Albertbrücke
Marienbrücke
Augustusbrücke
Großer Garten
Japanisches Palais
Staatskanzlei
Rosengarten
Universitätsklinikum Carl Gustav Carus der TU Dresden
Trinitatisfriedhof
Deutsches Hygiene-Museum
Zwinger
Semperoper
Frauenkirche
Albertinum
Kulturpalast

Topziele

Die bedeutendsten Sehenswürdigkeiten und Ereignisse, die keinesfalls versäumt werden sollten, haben wir auf dieser Seite zusammengestellt. Auf den Infoseiten sind sie jeweils als **TOPZIEL** *gekennzeichnet.*

KULTUR

1 **Tempel der Musik:** Die prächtige Semperoper gehört zu den glanzvollsten Opernhäusern der Welt, ein Genuss für alle Sinne. **Seite 37 und 55**

2 **Atemberaubender Festplatz:** Der Zwinger ist eine steingewordene Pracht- und Machtdemonstration. Und heute Heimat hochkarätiger Museen. **Seite 37 und 56**

3 **Symbol des Bürgerstolzes:** Das barocke Meisterwerk der Frauenkirche ist Gotteshaus und Mahnmal zugleich. **Seite 38**

4 **Schloss der Schätze:** Die Rekonstruktion des Residenzschlosses schuf Raum für museale Einmaligkeiten – die Grünen Gewölbe und die Türckische Cammer sind ein großartiger Anfang. **Seite 38 und 56**

5 **Heiterkeit des Sommers:**: Schloss Pillnitz war Sommerresidenz und spiegelt bis heute die Eleganz der Rokoko-Gesellschaft. **Seite 69**

6 **Die Wiege Sachsens:** Auf Meißens Burgberg wurden den Weichen gestellt, mit dem Dombau ebenso wie in der Albrechtsburg. **Seite 113**

7 **Dem Fürsten zur Freude:** Jagdleidenschaft und Repräsentation – Schloss Moritzburg demonstriert fürstlich-barockes Selbstverständnis. **Seite 114**

8 **Dank für Bergschätze:** Der Freiberger Dom wurde auf das Prachtvollste ausgestattet. **Seite 115**

1

11

9

NATUR

9 **Blick der Blicke:** Die Bastei bietet den klassischen Blick über Elbe und Sächsische Schweiz – nach zwei Kilometern steilem Aufstieg. **Seite 98**

ERLEBEN

10 **Dresdner Barock:** In der Inneren Neustadt ist das barocke Flair Dresdens wiederauferstanden – besonders in der Königstraße mit Boutiquen, Galerien und Cafés. **Seite 82**

11 **Filigrane Kostbarkeiten:** In der Schauwerkstatt der Porzellan-Manufaktur Meissen lässt sich bewundern, wie Preziosen entstehen. **Seite 113**

12 **Lebenselixir des Elbtals:** Schloss Wackerbarth ist eine Weinhochburg Sachsens. Hier lässt sich die Vergangenheit des Rebensafts betrachten und dessen Gegenwart genießen. **Seite 114**

6

Der Zauber einer Stadt

Zwischen barocken Fassaden pulsiert das Leben, staunen die Touristen aus aller Welt über die Kostbarkeiten aus Sachsens Schatzkammern. Ihren Charme stellt Dresdens Altstadt aber auch mit etwas Abstand unter Beweis. Nur einen kurzen Spaziergang über die Augustusbrücke und man gelangt zu den Neustädter Elbwiesen, wo sich die eindrucksvolle Altstadtkulisse in voller Pracht offenbart – ganz so, wie sie der Venezianer Canaletto festgehalten hat.

Vorhang auf!

Dresden ist gelebte Kultur. Irgendwo spielt immer Musik – wie natürlich vor allem in der Semperoper – , singen Chöre, tanzen Ballett-ensembles oder zeigen Schauspieler, was Theater alles kann. Dabei müssen es nicht immer die großen Bühnen sein, Jazz, Kleinkunst und Kabarett haben sich längst in – gar nicht so kleinen – Nischen etabliert.

Kurfürsten und Könige

Der Dresdner Theaterplatz gibt den Blick frei auf den Gestaltungswillen der sächsischen Herrscher aus dem Hause Wettin, denen Dresden im Wesentlichen sein Aussehen verdankt. Das Residenzschloss mit dem mächtigen Hausmannsturm erlebte seine Glanzzeiten, als Friedrich August I., der Starke, sich die polnische Königskrone aneignete. Sein Sohn ließ von italienischen Baumeistern die katholische Hofkirche errichten.

Aktiv vor romantischer Kulisse

Was den Wanderern seit nunmehr bald 200 Jahren die Sächsische Schweiz, ist den Radlern der den Fluss begleitende Elberadweg (Foto: bei Bad Schandau). Ob auf zwei oder mehr Rädern – das Elbtal bietet zahlreiche Möglichkeiten, Freizeit aktiv zu gestalten. Und wer sich weder mit Joggen, Inlineskaten oder Klettern in den Sandsteinfelsen anfreunden kann, findet Erholung auf den allgegenwärtigen Wellnessinseln und manch guten Tropfen in Sachsens Weinbaugebiet.

Das Florenz an der Elbe

Anfang des 19. Jahrhunderts wurde Dresden als Elbflorenz bekannt. Und der Vergleich mit dem Original am Arno liegt zweifelsohne nahe. Wie in Florenz erwartet den Besucher auch in Dresden eine außerordentliche Fülle an imposanter Architektur und Kunst. Eine einzigartige Symbiose gehen beide im Zwinger ein (im Foto: Ballettaufführung vor dem Wallpavillon), in dem heute die von den Wettiner Herrschern zusammengetragenen Meisterwerke zu bewundern sind.

Eine Landschaft wie gemalt

Geheimnisvoll tauchen im Elbsandsteingebirge bizarre Felsformationen aus dem Nebel auf. Die Basteibrücke ist die Hauptattraktion der Sächsischen Schweiz, in der sich urwüchsige Wälder, tiefe Schluchten und erhabene Tafelberge abwechseln. Von hier aus bieten sich atemberaubende Landschaftspanoramen, die mittlerweile als Teil eines Nationalparks unter Schutz stehen.

Die ausgefallensten Aktivitäten

Freizeitspaß, so bunt wie Dresden selbst

Eigentlich muss man für das gewisse Etwas in Dresden und Umgebung gar nichts bezahlen. Beim Picknick auf den Elbwiesen gibt es den Blick auf die barocke Altstadt und die Dampfer der Weißen Flotte gratis. Und auf Wanderungen im Elbsandsteingebirge eröffnen sich auf Schritt und Tritt atemberaubende Ausblicke in eine wunderschöne Landschaft.

1 Ballonfahren

Eine Entdeckungsreise mit dem Heißluftballon ist allerdings noch einmal etwas Anderes: Bei Sonnenaufgang das Erwachen der Stadt aus luftiger Höhe zu erleben, verbunden mit dem besonderen Kick bei Start und Landung, das ist auch Abenteuer. Wenn das Wetter mitspielt und die Thermik stimmt, sind drei bis vier erlebnisreiche Stunden garantiert. Zu buchen bei mehreren Anbietern, so beispielsweise:

Ballonfahrten Dresden
Leutewitzer Ring 137
01169 Dresden
Tel. 0351 4 16 17 00
www.ballon-dresden.de

2 Carte Blanche

Schrill und frech – diese Attribute scheinen auf den ersten Blick so gar nicht zum Image der einstigen Residenzstadt zu passen. Und doch bietet Dresden ein quirliges Travestie-Theater, bei dem eine stimmgewaltige bunte Truppe unterhaltsame Abende garantiert. Die Herren geben sich mal deftig, mal sentimental, immer aber spielfreudig und leidenschaftlich.

Carte Blanche
Prießnitzstr. 10
01099 Dresden
Tel. 0351 20 47 20, www.carte-blanche-dresden.de

3 Sarrasani

Magie ist seine Leidenschaft: André Sarrasani führt das Dresdner Familienunternehmen, das die Menschen seit fünf Generationen verzaubert. Ein traditioneller Circus ist es nicht mehr, doch die Raubtierdressur gehört ebenso zum Repertoire wie artistische Kunststücke. Erde, Wasser, Feuer, Luft – die Elemente spielen in seinen Illusionsshows die Hauptrolle.

Circus Sarrasani
Elbe Park (Veranstaltungsort), 01099 Dresden
Tel. 0351 6 46 50 56
www.sarrasani.de

4 City-Beach

Wenn es zu heiß zum Pflastertreten und der Kopf voll ist mit unzähligen Eindrücken von Dresdner Sehenswürdigkeiten, dann bietet sich eine Auszeit etwas abseits des Getümmels an. Ein kühler Drink, eine bequeme Liege, so lässt es sich prima relaxen. Am Stadthafen im Ortsteil Pieschen bietet der große künstliche Strand am Elberadweg allerdings auch die Möglichkeit, beim Beachvolleyball oder Tischtennis aktiv zu entspannen.

City-Beach, Leipziger Str. 31
01097 Dresden
Tel. 0152 24 39 43 04
www.citybeachdresden.de

5 Klettern

Nur Zugucken ist auch schön, wenn sich Freeclimber und Kletterer im Elbsandsteingebirge auf die Gipfel hochhangeln. Aber selber klettern ist gar nicht so schwierig, jedenfalls unter fachkundiger Anleitung. Die Kletterschulen in der Sächsischen Schweiz bieten Schnupperkurse für Erwachsene und Kinder an. Einen Tag sollte man dafür einplanen.

Tourismusverband
Sächsische Schweiz
Bahnhofstr. 21, 01796 Pirna
Tel. 03501 47 01 47, www.saechsische-schweiz.de

6 Trabi-Tour

Nostalgie pur und ein besonderes Fahrerlebnis verspricht eine Tour mit dem Zweitakter durch Dresden. Die „Rennpappe" ist eine Herausforderung für Autofahrer. Wo sonst muss man noch einen Benzinhahn ziehen und am Lenkrad schalten? Bei allen Touren gibt es einen persönlichen Gästeführer. Die Tour „Dresden Kompakt" dauert 1,5 Std., „Dresden XXL" 2,5 Std.

Startpunkt:
TrabiWorld
Bremer Str. 35
01067 Dresden
www.trabi-safari.de

7 Nightwalk

Es gibt auch Alternativen zu Barock und Hochkultur in Dresden. Zeitgenössische Wandmalereien zum Beispiel. Im Ortsteil Friedrichstadt und in der Neustadt haben sich zahlreiche Sprayer ganz legal an Hausfassaden verewigt. Dresdner Street-Art-Künstler präsentieren diese City Murals gerne bei einem etwa dreistündigen Rundgang und geben Auskunft über die hiesige Street-Art-Szene.

Nightwalk Dresden
Fritz-Reuter-Str. 13
01097 Dresden
Tel. 0172 7 81 50 07
www.nightwalk-dresden.de

Mit der Elbe im Bund

Dresden und die Elbe, das ist eine glückliche Verbindung – trotz des Makels, den sich die Stadtverwaltung mit der Aberkennung des UNESCO-Welterbetitels zugezogen hat. Die Touristen strömen weiterhin in das Elbtal, in dem Dresdens barocke Altstadt anmutig mit breiten Auen und grünen Hängen korrespondiert. Die Stadt ist schließlich eine Verheißung – für höchste Kunstgenüsse, prächtige Architektur und den Willen, ihre im Krieg zerstörte Schönheit wiederzuerlangen.

Zu Dresdens berühmtem Elbpanorama fehlt auf diesem Bild nur die Frauenkirche.

Von der Augustusbrücke schweift der Blick hinüber zur Brühlschen Terrasse mit Ständehaus, Sekundogenitur, Frauenkirche, Kunstakademie und Albertinum.

Hinter dem „Balkon Europas“, der Brühlschen Terrasse, ragen der Turm des Ständehauses und die Kathedrale auf.

Dresdens großem Baumeister wurde auf der Brühlschen Terrasse ein Denkmal gesetzt.

Die Sempersche Synagoge wurde in der „Reichskristallnacht" niedergebrannt. Die Neue Synagoge konnte erst 63 Jahre später geweiht werden.

„Wann werde ich wieder in den paradiesischen Gefilden wandeln, wann werde ich Dresden wiedersehen?"

E. T. A. Hoffmann

In den Hotels sind WLAN-Anschlüsse eine Selbstverständlichkeit, in der Gläsernen Manufaktur erlebt man die Zukunft der Mobilität hautnah, die Mikroelektronik-Industrie hat ihr Herz für Dresden längst entdeckt und wer will, kann die berühmte Gemäldegalerie Alte Meister auch virtuell besuchen. Und dennoch: „Modern" ist nicht das Attribut, das einem als Erstes zu Dresden einfällt. Frauenkirche und Zwinger, der historisierend umbaute Neumarkt und natürlich die unermesslichen Kunstschätze aus barocker Zeit sind die Anziehungspunkte der Stadt.

Mythos Dresden

Im Kern ist Dresdens Altstadt noch nicht einmal einen Quadratkilometer groß. Mehr Platz benötigten die Stadtgründer nicht, von denen man annimmt, dass es Kaufleute waren, die im 12. Jahrhundert an der Elbe im Schnittpunkt der von Westen nach Osten verlaufenden Fernhandelsstraßen siedelten. Eine Burg wurde erst im folgenden Jahrhundert gebaut und unter der Herrschaft der Wettiner beständig zum Residenzschloss vergrößert. Um dieses in unseren Tagen aufwendig rekonstruierte Schloss gruppieren sich all jene Prachtbauten, die Dresdens Altstadtsilhouette entlang der Elbe so berühmt gemacht haben.

Doch nicht nur das Barockzeitalter hat das Erscheinungsbild der Stadt geprägt. Gleich zweimal baute Gottfried Semper im 19. Jahrhundert sein Opernhaus am Theaterplatz – das erste war 1869 einem Brand zum Opfer gefallen. Und auch das zweite lag in Schutt und Asche am Ende jenes fatalen Bombardements britischer und amerikanischer Kampfverbände, die Dresden in vier aufeinander folgenden Angriffswellen zwischen dem 13. und 15. Februar 1945 heimsuchten. Die Frauenkirche mit den umliegenden barocken Bürgerhäusern am Neumarkt, der Zwinger, der Altmarkt, die Flanier- und Einkaufsmeile Prager Straße – alles war zerstört.

Die Trauer um das Vergangene mündete in eine Erinnerungskultur, die vorrangig die Sonnenseiten der Stadt sehen wollte, die großen Künstler, die hier die Basis für ihren Ruhm legten: Wagner und Strauss, die an der Semperoper ihre Werke zur Uraufführung brachten; Canaletto, der Dresdens Stadtansichten verewigte; und überhaupt all die Meister, die mit ihren Werken die Kunstsammlungen der Wettiner-Kurfürsten bereicherten.

Aber hatte nicht auch Dresden die erste Ausstellung „entarteter Kunst" gezeigt? Waren hier nicht die von Gottfried Semper erbaute Synagoge am 9. November 1938 niedergebrannt, der Maler Otto

Seit 1885 steht das Luther-Denkmal auf dem Neumarkt.

Die Frauenkirche umgeben die historisch wirkenden Fassaden des „barocken“ Neumarkts.

Der Altar der Frauenkirche konnte fast vollständig aus Originaltrümmern rekonstruiert werden. Die Kanzel ist wieder dort, wo sie George Bähr vorgesehen hatte: zentral in der Chorbalustrade.

Die Kuppel der Frauenkirche zeigt wie vor 1945 die Evangelisten Matthäus, Markus, Lukas und Johannes, die christlichen Tugenden Glaube, Liebe und Hoffnung sowie die Barmherzigkeit.

„Dresden … in den Musennestern wohnt die süße Krankheit Gestern."

Uwe Tellkamp in „Der Turm"

Dix von der Kunstakademie und Fritz Busch vom Dirigentenpult der Staatskapelle verjagt worden? Der Mythos von der „unschuldigen Stadt", die sinnlos zerstört wurde, als der Krieg schon fast zu Ende war, verblasst zusehends.

Ikone des Wiederaufbaus

Dies ist letztlich auch ein Ergebnis der zahllosen Diskussionen über den Wiederaufbau der Stadt. Gleich nach dem Krieg machte man sich daran, den Zwinger in seine ursprüngliche Form zu bringen. Die Semperoper entstand in den 1980er-Jahren neu. Doch für das Residenzschloss fehlte nicht nur das Geld, sondern in der sozialistischen DDR wohl auch der Wille. Das galt erst recht für die Frauenkirche, die als Ruine besser zum Mahnmal für den Frieden zu taugen schien. Dabei hätte es nach Ansicht Vieler auch bleiben können, nachdem die DDR sich aufgelöst hatte.

Doch die Sehnsucht nach dem alten Stadtbild war stärker. Unter Führung des Trompeters Ludwig Güttler warben engagierte Bürger 1990 mit ihrem „Ruf aus Dresden" um Spenden für den Wiederaufbau. Daraus entwickelte sich eine beispiellose Kampagne, die aus aller Welt mehr als 100 Millionen Euro zusammenbrachte. Die restlichen 70 Millionen Euro kamen aus öffentlicher Hand.

Als am Reformationstag 2005 die neue Frauenkirche feierlich geweiht wurde, zweifelte niemand mehr daran, dass sie fortan als Zeichen für Versöhnung ihre Daseinsberechtigung hat. Zumal das Kuppelkreuz von Spendern aus Großbritannien gestiftet und von Alan Smith geschaffen wurde, dem Sohn eines britischen Piloten, der am Bombardement Dresdens beteiligt war.

Dresdens Mitte

Die Frauenkirche markiert seit jeher den Mittelpunkt der Altstadt. Schnell war deshalb die kriegsbedingte Brache in ihrem Umfeld den Dresdnern ein Dorn im Auge. Der einstmals so pulsierende Neumarkt mit seinen barocken Bürgerhäusern und dem prächtigen Coselpalais fehlte ihnen. Nun ist er wieder da – als Mix aus barocken und modernen Fassaden. Schmuck genug, um von den einen als barockes „Disneyland", von anderen als unentschlossen geschmäht und von lachenden Dritten als zentraler Begegnungsort genutzt zu werden, mit Einkaufszentrum und Straßencafés zum Bummeln, Schauen und Verweilen.

Sehen und gesehen werden

Vom Neumarkt sind es wenige Schritte Richtung Elbe zum „Balkon Europas", der Brühlschen Terrasse. Den Elbwall

Der Zuschauerraum der Semperoper ist im Stil der Renaissance gestaltet und bietet beste akustische Verhältnisse.

Die klassische Ansicht der Semperoper zeigt den prachtvollen Neorenaissancebau in abendlicher Beleuchtung.

Blick vom Hausmannsturm auf den Theaterplatz mit Semperoper und Sempergalerie. Die Mitte des Platzes markiert seit 1889 das Reiterstandbild König Johanns.

Die Räumlichkeiten der Semperoper sollten nicht nur dem Kunstgenuss dienen, sondern auch gesellschaftliches Leben fördern.

mit den alten Befestigungsanlagen hatte Friedrich August II. seinem Vertrauten, dem Grafen Heinrich von Brühl, geschenkt. Dieser ließ dort eine adelige Flaniermeile errichten, durch kunstvoll angelegte Gärten und vorbei an heiteren barocken Palais. Flaniert wird hier heute immer noch gern, mit Blick auf die Elbe mit den historischen Raddampfern der Weißen Flotte. An die Architektur des 18. Jahrhunderts erinnert jedoch einzig die Sekundogenitur, ein Gebäude, das wohl vom jeweils Zweitgeborenen des Hauses Wettin genutzt wurde. Die Kunstakademie, deren Kuppel im Volksmund liebevoll Zitronenpresse genannt wird, und das Albertinum sind indes Bauwerke des 19. Jahrhunderts.

> In Dresden „wurde die Schönheit erfunden. Nichts als Fluss und Wiesen – in zartesten Farben und märchenhaftem Licht."
>
> Johann Joachim Winckelmann

Nach Osten hin endet die Terrasse vor der spektakulären Neuen Synagoge. Ihre beiden Würfelbauten sind nur scheinbar aus Sandstein, tatsächlich handelt es sich um gefärbten Beton. Das schmale Grundstück am Hasenberg bot nicht genügend Platz für die vom jüdischen Glauben geforderte Ostausrichtung des Gebetssaals. So schufen die Saarbrücker Architekten Wandel, Hoefe, Lorch und Hirsch einen fensterlosen Quader in versetzten Schichten, die sich buchstäblich in die Höhe schrauben und an der Traufkante genau nach Osten weisen.

Italienische Einflüsse

Eine große Freitreppe führt von der Brühlschen Terrasse auf den Schlossplatz mit der ehemaligen Katholischen Hofkirche. August der Starke war 1697 zum Katholizismus konvertiert, um die polni-

Heutzutage kann hier – fast – jeder nächtigen:
Taschenbergpalais.

Östlich des Altmarkts entstand beim Wiederaufbau die Weiße Gasse mit dem Gänsediebbrunnen.

Ein Standbild Augusts des Starken wacht über den Neumarkt.

Blickfang im Neuen Rathaus am Rand der Altstadt ist der repräsentative Treppenaufgang zum Festsaal. Die Jugendstil-Ausmalung (1911) stammt von Otto Gussmann.

sche Königskrone erlangen zu können. Seinem protestantischen Volk wollte er den Glaubenswechsel nicht verordnen, weshalb er die katholischen Gottesdienste im Hoftheater feiern ließ. Der italienische Baumeister Gaetano Chiaveri kam erst unter Friedrich August II. zum Zuge. Er entwarf Sachsens größte katholische Kirche mit 86 Meter hohem Turm und einer auffälligen Balustrade, für die der Bildhauer Lorenzo Matielli 59 überlebensgroße Heiligenfiguren beisteuerte.

Walzer unterm Denkmal

An König Johanns Reiterstandbild auf dem Theaterplatz geben Straßenmusiker gern ihr Bestes – welch ein Kontrast, wenn man gerade die Staatskapelle in der Semperoper gehört hat. Schöner ist es aber auf dem Theaterplatz, wenn zu Jahresbeginn dort die große Leinwand den festlichen Opernball zeigt. Während die zahlungskräftigen Gäste in der Semperoper feiern, tanzen die Dresdner zu den Walzerklängen der Staatskapelle auf dem Platz. So sieht Festkultur in Dresden aus.

Zweckmäßig für den Bummel

Ausgerechnet am Altmarkt mit der ehrwürdigen Kreuzkirche beginnt Dresden, sich modern zu zeigen. Über die Lichtmasten und Hotelneubauten am Markt haben sich die Dresdner ebenso echauffiert wie über die Gestaltung der Straßenbahnhaltestellen am Postplatz und die Kaufhäuser entlang der Fußgängerzone Prager Straße. Natürlich ist nichts davon so schön wie vor dem Krieg. Doch etliches besser als zu DDR-Zeiten. Die Plattenbauten wurden bunt zurechtgemacht, die Einkaufsmeile mit lang gestreckten Wasserbecken und Springbrunnen aufgehübscht, und mit der Centrum-Galerie wurde ein zweiter Einkaufstempel geschaffen, der die lange Zeit vorherrschenden Discounter und Billigboutiquen überstrahlt. Und in der erweiterten Altmarkt-Galerie finden zudem auch ausgeprägte Fashion-Victims Gelegenheit, ihr Geld für international führende Modelabels auszugeben.

Einst war sie die eleganteste Einkaufsmeile Dresdens, heute wird die Prager Straße von moderner Architektur wie dem Ufa-Kristallpalast, einem Kinobau, geprägt.

Ambitioniert modern ist auch das Foyer der „Gläsernen Manufaktur".

Hinter Dresdens Kongresszentrum an der Elbe leuchtet die „Tabakmoschee" Yenidze auf.

Seit 1986 schmückt die Prager Straße die Plastik „Völkerfreundschaft“.

Im Spannungsfeld zwischen Moderne und Barock sind in Dresden viele aufsehenerregende Gebäude entstanden.

DRESDEN IM WANDEL

Von der Residenz- zur Bürgerstadt

Wer sich auf Dresden einlässt, bekommt die Eigenheiten der „Ur-Dresdner" schnell zu spüren. Sie identifizieren sich so sehr mit ihrer Stadt, dass sie kaum einen Vergleich zulassen. Und in der Tat war es einmalig, wie sehr vor allem das Bürgertum auch zu DDR-Zeiten versuchte seinen Lebensstil zu wahren.

Das Palais im Großen Garten ist wieder ein Ort der Feste.

Folglich galt es auch, die Schönheit der Stadt zu verteidigen. „Das war schon immer so", ist ein Satz, der manchem alteingesessenen Dresdner reicht, um den Wunsch nach Veränderung im Keim zu ersticken. Wenn sie überhaupt aus Dresden weggehen, wird die Sehnsucht eines Tages so groß, dass es kein Halten mehr gibt. Viele kamen nach 1990 wieder zurück – und waren enttäuscht von der Kleinkariertheit, Rechthaberei und mangelnden Weltläufigkeit der Daheimgebliebenen. Doch wage es nur kein Zugezogener, die vergötterte Schöne zu kritisieren, er wird gnadenlos als Fremdling entlarvt, der einfach zu wenig weiß über die Stadt.

Dieses ungebremste Selbstbewusstsein hat allerdings über Jahrhunderte hinweg die Dresdner zu einem beachtlichen Engagement für ihre Stadt beflügelt. Ob im Bunde mit der Obrigkeit oder in Auflehnung gegen sie oder auf sächsisch-verschlagene Art mit und gleichzeitig gegen die Herrschenden. So kamen die Dresdner zu Beginn des 18. Jahrhunderts zu ihrer phänomenalen Frauenkirche, trotz aller Geldsorgen. So zogen sie im Oktober 1989 in Scharen zum Hauptbahnhof, als die Züge mit den Botschaftsflüchtlingen aus Prag in die Freiheit fuhren, und forderten Mitsprache und bessere Lebensbedingungen.

Auch heute sind die Bürger der Stadt meist gespalten, wenn es um Wiederaufbauvorhaben wie am Neumarkt geht oder seinerzeit um die Waldschlösschenbrücke. Eine Minderheit wählt die NPD in den Stadtrat; die Mehrheit bildet zu Tausenden eine Menschenkette, wenn Neonazis am 13. Februar das Gedenken an die Zerstörung der Stadt im Zweiten Weltkrieg durch Aufmärsche stören. Allerdings ist auch PEGIDA hier entstanden, ein Sammelbecken für diffuse Ängste nationalistischer Prägung.

Doch um das Wohlergehen der Bewohner kümmern sich seit jeher Menschen mit humanitären Zielen. Der Bankier Georg Arnhold beispielsweise war ein engagierter Förderer von Kultur und Wissenschaft, stiftete der Stadt eine Badeanstalt. Karl-August Lingner, dem Erfinder des Mundwassers, verdankt Dresden unter anderem das Hygiene-Museum.

Am Schloss Pillnitz „endet" das „Elbhangfest", im Schauspielhaus hebt sich der Vorhang während der Saison für klassische wie moderne Stücke.

Private Mäzene und Firmen engagieren sich auch heute für die Kunstsammlungen, die Orchester, Chöre und zahlreiche soziale Projekte.

„Dresdner stiften Zukunft" lautet das Motto der Bürgerstiftung. Seit 1999 berät sie potenzielle Spender, initiiert und fördert Projekte, die Alt und Jung zusammenbringen, Schüler für das Lesen und Jugendliche für das ehrenamtliche Engagement begeistern sollen. Mit dem Erich-Kästner-Museum, dem Palais im Großen Garten und dem Schillerhäuschen hat sie zudem bleibende Akzente im kulturellen Leben der Stadt gesetzt.

Doch wage es nur kein Zugezogener, die vergötterte Schöne zu kritisieren, er wird gnadenlos als Fremdling entlarvt.

Maßstab 1:10.000
0
200m
1=Brühlsche Gasse
2=An der Frauenkirche
3=Kanzleigäßchen
4=Tuchmachergasse
5=Zahnsgasse
6=Sporergasse
7=Schössergasse
8=Rosmaringasse
9=Schuhmachergasse
Elbe
Blockhaus
Augustusbrücke
Carolabrücke
Carola-pl.
Staatskanzlei
Sächsische Dampf-Schifffahrt
Fin.-u. Kultusmin.
Königsufer
Open Air
Theaterkahn
Erlweinspeicher/ Maritim Hotel
Sächs. Landtag
Kleine Packhof-
Lindenau-Pl.
Sächsische Staatsoper
Semperoper
Ital. Dörfchen
Terrassenufer
Zwinger
Zwingerteich
Gemäldegalerie Alte Meister
Theaterpl.
Schinkelwache
Math.-Phys. Salon
Porzellansammlung
Schloßplatz
Brühlsche Terrasse
Frauenkirche
Residenzschloss
Stallhof
Johanneum
Verkehrsmus.
Taschenbergpal.
Kulturpalast
Neumkt.
Albertinum
Synagoge
Landhaus (Stadtmus.)
Pirnaischer Platz
Altmarkt
Kreuzkirche
Rathaus
Rathausplatz
Innere Altstadt
Wilsdruffer Str.
Postplatz
Schauspielhaus
Dresden-Mitte
Schweriner Str.
Freiberger Str.
Ammonstr.
Könneritzstr.
World Trade Center
Comödie
Boulevardtheater
Annenkirche
Freiberger Platz
Dippoldiswalder Pl.
Waisenhausstraße
Centrum Galerie
Rundkino Puppenth.
UFA-Kristallpalast
Prager Str.
Prager Spitze
Dresden-Hbf.
Wiener Pl.
Budapester Str.
Reitbahnstraße
St. Petersburger Str.
Georgplatz
Bürgerwiese
Grunaer Straße
Pirnaische Vorstadt
Altstadt
Deutsches Hygiene-Museum
Lingnerplatz
Georg-Arnhold-Bad
Blüherpark
Dynamo-Stadion
Gläserne Manufaktur (VW)
Hauptbahnhof An der Gläsernen Manufaktur
Parkeisenbahn
Lennéstr.
Seevorstadt-Ost/ Großer Garten
Freiberger Straße

Perlen des Barock

Zum Welterbe der UNESCO gehört sie nicht mehr. Doch die einzigartige Verbindung von malerischer Flusslandschaft, eindrucksvollen Bauten und weltberühmten Kunstschätzen in Dresden hat nichts von ihrem Reiz verloren. Die einstige Residenzstadt der sächsischen Kurfürsten und Könige ist seit 1990 Landeshauptstadt des Freistaates Sachsen.

Allgemein

Mit einer imponierenden Aufbauleistung hat Dresden seit 1990 vieles von seiner alten Pracht zurückgewonnen. Dass die Bevölkerung gegen den Trend seit Jahren wächst (557 000 Einw.), ist nicht nur der Universität und der Mikroelektronikindustrie zu verdanken. Die Altstadt mit ihrem riesigen Kulturangebot übt einen Sog vor allem auch auf junge Menschen aus. Vom 13. bis 15. Jh. entwickelte sich die Stadt dank ihrer Lage an wichtigen Handelswegen. Der Zugang über die steinerne Augustusbrücke führte zur markgräflichen Burg mit dem Hausmannsturm. Im 16. Jh. zur Residenzstadt der albertinischen Linie der Wettiner ausgebaut, erlebte Dresden seine Glanzzeit im Barock, als Kurfürst Friedrich August I. – später August der Starke genannt – drei Jahre nach seiner Thronbesteigung (1694) König von Polen (August II.) wurde. Ein jähes Ende fand die Schönheit der Altstadt im Zweiten Weltkrieg bei der Bombardierung am 13. und 14. Febr. 1945.

Nur einen Steinwurf voneinander entfernt sind das Residenzschloss (im Bild das Georgentor) und die Katholische Kathedrale.

1 Theaterplatz

Architektur aus dreieinhalb Jahrhunderten gruppiert sich um den Theaterplatz. In der Mitte erinnert das Reiterstandbild König Johanns (Johannes Schilling, 1883) an den schöngeistigen Staatsmann, der unter dem Pseudonym Philaletes Dantes „Göttliche Komödie" ins Deutsche übersetzte.

SEMPEROPER

An der Nordwestseite des Platzes besticht der bogenförmige Neorenaissance-Arkadenbau der **Semperoper** TOPZIEL durch Eleganz. Die beiden Sitzfiguren am Eingang – Schiller und Goethe – stammen noch von Gottfried Sempers erstem Hoftheaterbau, der 1869 einem Stadtbrand zum Opfer gefallen war. Die prächtige Innenausstattung und die musikalische Spitzenqualität der Sächsischen Staatskapelle sorgen für eine gute Auslastung des Opernbetriebs.

ZWINGER

Mit dem **Zwinger** TOPZIEL (1709–1732) hat der Architekt Matthäus Daniel Pöppelmann (1662–1736) eines der bekanntesten Bauwerke des Barock geschaffen. Balthasar Permoser (1651–1732) sorgte für die steinerne „Bebilderung" des Ensembles. Vom Theaterplatz gelangt man durch die Sempergalerie (1847 bis 1855) in den Innenhof mit Festplatz. Gegenüber führt der Weg vom Zwingergraben durch das Kronentor zwischen zwei Langgalerien auf der alten Festungsmauer hindurch. Vier polnische Adler tragen auf der zwiebelförmigen Kuppel die Königskrone Augusts II. Der Wallpavillon zur Linken ist das Prunkstück des Zwingers: Götter und Helden der griechischen Sagen zieren den Giebel; und über allen trägt Herkules die Weltkugel auf seinen Schultern. Über eine Freitreppe gelangt man zum reich verzierten Nymphenbad mit seinen Wasserspielen. Im gegenüberliegenden Glockenspielpavillon erklingen 40 Glocken aus strahlend weißem Meißner Porzellan.
Früher gab es nur einen prominenten Übernachtungsgast im **Taschenbergpalais** gegenüber: August den Starken. Bis 1708 im Rokokostil errichtet, diente es als Refugium für den König und seine Mätresse, die Gräfin Constantia von Cosel. Das im Krieg zerstörte Gebäude empfängt mit originalgetreuer Fassade und rekonstruierter barocker Treppenanlage seit 1995 als Luxushotel prominente und betuchte Gäste. Im Winter kann man im Innenhof Schlittschuh laufen.

Tipp

Die Wettiner

Man muss sie sich nicht mühsam in Museen zusammensuchen. Die Repräsentanten des sächsischen Fürstengeschlechts haben ihre Ahnengalerie im Freien: Auf der Rückseite des Stallhofs bildet der 102 m lange „Fürstenzug" (Abb. S. 40/41) sämtliche Könige, Kurfürsten und Markgrafen des Hauses Wettin aus acht Jahrhunderten ab. Der Ursprung ihrer Dynastie liegt nordw. von Halle an der Saale. Die Burg Wettin war der Stammsitz dieses Adelsgeschlechts, das 1123–1903 die Geschicke des meißnisch-sächsischen Staates bestimmte. Auf 24 000 Fliesen aus Meißner Porzellan präsentieren sich die 35 Regenten des Hauses Wettin seit 1876 der Öffentlichkeit – einzig König Friedrich August III., der noch nicht regierte, als Wilhelm Walther seinen Bildfries entwarf, fehlt in der illustren Runde. „Macht Euern Dreck alleine", soll der letzte Sachsenkönig bei seiner Abdankung im Nov. 1918 gesagt haben – Revolutionen waren im Geschichtsverständnis der Wettiner nicht vorgesehen.

RESIDENZSCHLOSS

Das im Krieg zerstörte **Schloss TOPZIEL** wird seit 1986 rekonstruiert – die Arbeiten sollen 2020 abgeschlossen sein. Der Große Schlosshof (1468–1480) im Renaissancestil wurde mit aufwendigen Sgrafitto-Malereien ausgeschmückt. Der Hausmannsturm (urspr. um 1400, 100,27 m) mit barocker Haube ist dank seiner Aussichtsplattform ein guter Ort, um sich einen Überblick über die Stadt zu verschaffen. Im Inneren wächst Dresdens Museumszentrum. Über dem Eingangsfoyer im Kleinen Schlosshof wölbt sich die spektakuläre Dachkonstruktion aus Kunststoffkissen des Dresdner Architekten Peter Kulka. Der wiederaufgebaute Stallhof (1591) diente einst für Reitturniere. Den Langen Gang mit toskanischen Rundbogenarkaden ziert an der Außenseite der „Fürstenzug der Wettiner" (s. Tipp S. 37). Zentral in Dresdens Altstadtsilhouette ist die spätbarocke **Kathedrale Sanctissimae Trinitatis** mit filigranem, 85,5 m hohem Turm und 78 Heiligenfiguren auf umlaufenden Balustraden. Als Hofkirche von Gaetano Chiaveri 1739–1755 erbaut, beeindruckt sie im Inneren mit dem großen Altargemälde von Anton Raphael Mengs, der Rokoko-Kanzel von Balthasar Permoser (1722) und der großen Silbermann-Orgel (Orgelvorspiele Sa. 16.00, Mi. 20.00 Uhr; Hl. Messe mit Dresdner Kapellknaben So. 10.30 Uhr). In der Grablege der Wettiner liegt das Herz Augusts des Starken (Führungen Fr.–So. 13.00, Sommer auch Mo.–Do. 14.00 Uhr).
Eine Brücke aus Holz gab es bereits im 12. Jh. am Standort der heutigen **Augustusbrücke.** Die erste steinerne Brücke wurde 1907 abgerissen. Drei Jahre später wurde die neue Brücke aus Sandstein fertiggestellt.
Gegenüber der Hofkirche errichtete Hans Erlwein 1912/1913 ein klassizistisches Gebäude, das **Italienische Dörfchen** (heute Café und Restaurant).
Das **Landtagsgebäude** an der Elbe wurde 1928–1931 im Stil der Neuen Sachlichkeit als Finanzministerium errichtet; später war es Sitz der SED-Bezirksleitung. Der moderne Anbau mit gläsernem Plenarsaal (1994) war der erste Parlamentsneubau in den ostdeutschen Bundesländern (Architekt Peter Kulka).

2 Brühlsche Terrasse

„Balkon Europas" nannte der Preußenkönig Friedrich II. die 8–10 m hohe und 930 m lange Flaniermeile auf der alten Stadtbefestigung. Sachsens Premierminister Graf Heinrich von Brühl ließ über den alten Kasematten einen Festgarten mit Palais, Belvedere, Gemäldegalerie und Bibliothek anlegen; die heutige Bebauung stammt aus dem 19. und 20. Jh. Vom Schlossplatz führt eine 30 m breite Freitreppe

Altstadtimpressionen mit modernem Einschlag: das Coselpalais am Neumarkt, Nymphenbad am Zwinger und die Prager Straße

hinauf. Im **Ständehaus** (Paul Wallot, 1901 bis 1907) tagte das Parlament des Königreichs und später des Freistaates Sachsen. Das Bibliotheksgebäude wurde 1897 durch die neobarocke **Sekundogenitur** ersetzt (heute Café), die dem jeweils zweitgeborenen Prinzen des sächsischen Königshauses gehörte. An den Begründer der Dresdner Bildhauerschule, Ernst Rietschel (1804–1861), erinnert das Denkmal seines Schülers Johannes Schilling (1872). Wegen ihrer gläsernen Kuppel wird die **Kunstakademie** im Volksmund „Zitronenpresse" genannt. Ganz oben glänzt die goldene Fama, die Göttin des Ruhms. Den benachbarten **Lipsiusbau** – benannt nach dem Architekten des Grafen Brühl – nutzen die Staatlichen Kunstsammlungen für Sonderausstellungen. Neben dem Denkmal für Gottfried Semper (Johannes Schilling, 1892) führt eine Freitreppe zu den **Festungskasematten,** in denen u. a. das letzte erhaltene Stadttor, die Wehrgänge und Kanonenhöfe besichtigt werden können (bis zur Neueröffnung geschlossen). König Albert von Sachsen ließ auf den Resten des alten Zeughauses ein Museum und Archiv errichten; das **Albertinum** (1884–1887) brannte 1945 nieder und wurde bis 1974 wieder aufgebaut. Letzte Veränderungen erfuhr es nach der Flut von 2002: Architekt Volker Staab zog über dem Innenhof einen zweistöckigen Dachausbau ein, in dem Gemäldedepot und Werkstätten der Staatlichen Kunstsammlungen nun absolut hochwassersicher untergebracht sind.
Im Brühlschen Garten ist der **Delfinbrunnen** (1747–1749) aus der originalen Bausubstanz erhalten; die Plastik „Staffelei am Fenster" von Wolf-Eike Kuntsche (1990) erinnert an Caspar David Friedrich.
Die Brühlsche Terrasse endet am Hasenberg, wo bis zur Pogromnacht am 9. Nov. 1938 die von Gottfried Semper erbaute Synagoge stand. 2001 wurde hier die spektakuläre **Neue Synagoge** geweiht, ein in sich gedrehter Kubus. Am Eingang strahlt der vergoldete Davidstern der alten Synagoge, den ein Feuerwehrmann 1938 gerettet hatte (Anmeldung zur Besichtigung nur mit Führung möglich; www.hatikva.de).

„Die Dresdner fragen einen gar nicht, ob einem die Stadt gefällt. Sie sagen es einem."

Umberto Eco

3 Neumarkt

Bis zur Zerstörung im Zweiten Weltkrieg galt der Neumarkt als beispielhaftes Ensemble einer geschlossenen Bebauung des bürgerlichen Barock. Mittlerweile ist der alte Grundriss mit den abzweigenden Gassen wiederhergestellt. Einer der ältesten Siedlungskerne Dresdens gruppierte sich im 11. Jh. um die **Frauenkirche TOPZIEL.** Anstelle der romanischen Kirche wurde 1726–1743 ein neues Gotteshaus nach Plänen von George Bähr errichtet. Der barocke Zentralbau mit massiver Kuppel war die bürgerliche Antwort auf den Glaubenswechsel von Friedrich August I., der zum Katholizismus konvertiert war, um König von Polen werden zu können. 1994 begann der Wiederaufbau der im Zweiten Weltkrieg zerstörten Kirche, am Reformationstag 2005 wurde sie geweiht. Der barock nachgestaltete Innenraum wird von fünf Emporen umfasst. Der Altar mit dem betenden Jesus im Garten Gethsemane besteht zu 80 % aus historischem Material. Das im Feuersturm verbogene Turmkreuz ist als Mahnmal im Kirchenraum aufgestellt. In der Kirche finden Konzerte und Vorträge statt (Besichtigung werktags 10.00–12.00 und 13.00–18.00, Gottesdienste So. 11.00 und 18.00 Uhr; www.frauenkirche-dresden.de).
Die komplett neue Bebauung des **Neumarkts** war heftig umstritten. In den Neubauten mit historisierenden Barockfassaden und modernen Adaptationen sind Hotels, Wohnungen, Büros und Geschäfte untergebracht. Das 1999 rekonstruierte barocke **Coselpalais** (urspr. 1764) diente Friedrich August von Cosel, einem Sohn August des Starken und seiner Mätresse, als Wohnsitz (heute Café und Restaurant).
Das **Johanneum** erhielt bei seinem dritten Umbau eine klassizistische Fassade. Im 16. Jh. gehörte es als Stallgebäude zum Residenzschloss; heute ist es **Verkehrsmuseum** mit

Schwerpunkt Eisenbahn (Augustusstraße 1; Di.–So. 10.00–18.00 Uhr; www.verkehrsmuseum-dresden.de).

4 Altmarkt

Die schönsten Gebäude im historischen Zentrum der Stadt stammen aus den 1950er-Jahren – man hatte sich damals an den barocken Vorgängerbauten orientiert. Die Bebauung mit Hotel und Geschäftshäusern aus heutiger Zeit an der Südseite nimmt sich selbst gegenüber dem **Kulturpalast** (1966–1969) im Norden des Marktplatzes äußerst einfallslos aus. An der südöstlichen Ecke des Marktes stand bereits um 1168 eine Kirche. Die heutige **Kreuzkirche** entstand im 16. Jh. als dreischiffige Hallenkirche. Sie ist die größte Kirche Sachsens, Predigtkirche des Bischofs der evangelisch-lutherischen Landeskirche Sachsens und Heimstatt des Kreuzchores. Von ihrem Turm hat man einen guten Blick auf die Stadt (Mo.–Fr. 10.00 bis 18.00, Sa. 10.00–15.00, So. 12.00–18.00 Uhr, während des Striezelmarktes bis Marktschluss). Im Advent sorgt der Striezelmarkt auf dem Altmarkt für weihnachtliche Stimmung. Aber auch sonst herrscht in den umliegenden Straßen reges Treiben, vor allem in dem ansehnlich gestalteten Konsumtempel **Altmarkt-Galerie,** dem beliebtesten Einkaufszentrum der Stadt.
Die einstmals elegante Einkaufsstraße zwischen Altmarkt und Hauptbahnhof ist im Zweiten Weltkrieg komplett dem Bombardement zum Opfer gefallen. Zu DDR-Zeiten wurde die **Prager Straße** als Fußgängermagistrale neu gebaut; die Plattenbauten sind inzwischen verschönert, neue Kaufhausbauten haben sich der vorhandenen Bebauung angepasst, neue Architektur ist entstanden. Auffällig sind die silbernen Waben an der Centrum-Galerie als Zitat der Fassade des alten Centrum-Warenhauses aus den 1970er-Jahren.

Tipp

Märchen unter der Kuppel

Im Stil einer Moschee ließ Hugo Zietz 1908 seine Zigarettenfabrik („Salem") bauen. Nach einem Tabakanbaugebiet nannte er sie „Yenidze". Die 20 m hohe Kuppel aus buntem Glas ist nachts beleuchtet – eine passende Atmosphäre für Geschichten aus dem Orient, Märchen aus *Tausendundeiner Nacht* eben. Das Restaurant serviert orientalische und sächsische Speisen.

1001 Märchen, Weißeritzstraße 3
Tel. 0351 4 95 10 01, www.1001maerchen.de, nördl. der S-Bahn-Station Dresden-Mitte

Genießen Erleben Erfahren

DuMont Aktiv

Inline Tag und Nacht

Dresden ist ein Paradies für Skater. Ob an der Elbe oder im Großen Garten, Möglichkeiten sich auf den acht rasenden Rollen auszutoben gibt es genug. Als Höhepunkt gilt das Nachtskaten.

Tagsüber muss man sich beherrschen und die guten Strecken mit Fußgängern und Radfahrern teilen. Aber sobald die Sonne untergeht, sind die Skater unter sich. Jeden Freitagabend zwischen Ende April und Anfang Oktober fällt um 21.00 Uhr der Startschuss zu einer etwas anderen Stadtrundfahrt, los geht's an der Halfpipe gegenüber dem Rathaus an der Lingner-Allee. Unterschiedliche Strecken werden angeboten, mit Längen zwischen 15 und 25 Kilometern. Wer keine eigenen Rollerblades dabei hat, kann sich vor Ort welche ausleihen. Ordner sichern die Strecken ab, Sanitäter des Roten Kreuzes sind schnell zur Stelle, sollte es Blessuren geben. Und bevor es einem flau im Magen wird, für ein „Catering" mit einem Angebot von der Bratwurst im Brötchen bis zum Energydrink ist ebenfalls gesorgt.

Wenngleich das Fahrtempo so gemäßigt ist, dass auch Ungeübte mithalten können, empfehlen die Veranstalter Anfängern – bevor sie im Wortsinn zu blutigen werden –, einen Kurs zu absolvieren und sich erst dann mit den durchschnittlich weiteren 3000 Skatern auf Tour zu begeben.

Weitere Informationen

Jeder kann ohne vorherige Anmeldung teilnehmen; mehr Informationen auf: http://nachtskatendresden.de
Skater-Kurse in Gruppen von 12 bis 15 Personen bietet die Inline Skate Schule Dresden (Tel. 0800 4 24 74 76, http://skate-schule-dresden.de). Bei Regen fallen die Kurse aus. Schutzausrüstung (Knie-, Ellbogen- und Handgelenkschützer, Helm) sollte nicht nur bei Kursen unbedingt getragen werden.

Auf der Carolabrücke – wo sonst andere Verkehrsteilnehmer Vorrang haben, können Skater im Sommerhalbjahr freitagabends ungestört ihrem Hobby nachgehen.

Kaleidoskop der Künste

Museal will Dresden zwar nicht sein. Aber natürlich sind es die vielen Museen mit ihren unermesslichen Kunstschätzen, die alljährlich Millionen Besucher anlocken. Die Unsummen, die Sachsens Kurfürsten für wertvolle Gemälde, teure Porzellane und verschwenderische Dekors ausgegeben haben, waren gut angelegt. Denn das einzigartige kulturelle Flair, zu dem auch die hier komponierte und stets erstklassig dargebotene Musik beiträgt, übt heute eine große Anziehungskraft aus.

Entlang der Augustusstraße zieht sich der „Fürstenzug", eine Würdigung von 800 Jahren Wettiner Herrschaft.

Im Zentrum des „Fürstenzuges": August der Starke und sein Sohn (links oben). Den Großen Schlosshof des ehemaligen Residenzschlosses umgeben im Renaissancestil rekonstruierte Fassaden, überragt vom Hausmannsturm, einem der ältesten Bauteile (links unten). Trockenen Fußes gelangen die Besucher durch den Kleinen Schlosshof zu den berühmten Museen (rechts).

Neben der weltberühmten Sammlung Alte Meister im Zwinger hat mittlerweile auch die Moderne Kunst wieder ihren wohlbestellten Platz in Dresden. Die Semperoper mit der unvergleichlichen Staatskapelle bietet einen Klangzauber, der schon Richard Wagner und Richard Strauss verzückt hat. Die Knabenchöre der Kreuzkirche und der Kathedrale, etliche Laienchöre, die Absolventen der Musikhochschule – alle musizieren auf überdurchschnittlichem Niveau. Hinzu kommen Theater, auch Laienbühnen, natürlich Musikclubs, Festivals und festliche Bälle – Dresden ist gelebte Kultur.

Schloss der Kostbarkeiten

Das Residenzschloss ist über Jahrhunderte von den sächsischen Kurfürsten und Königen erweitert und verschönert worden – hier ein paar neue Ecktürme, dort Sgrafitto-Ausmalungen im Schlosshof. Und jüngst kam noch ein gläsernes Kuppeldach hinzu, damit die Besucher trockenen Hauptes durch den Kleinen Schlosshof zu den einzigartigen Museen gelangen. Seit 1560, als Kurfürst August die Kunstkammer gründete, ist das Schloss ein Hort der Künste.

Ein Erlebnis besonderer Art ist das Historische Grüne Gewölbe mit üppig verziertem Spiegelsaal, marmorierten Kabinetten und barock vergoldeten Konsolen. Ein Gesamtkunstwerk, vom Architekten des Zwingers als raffinierte Inszenierung angelegt, um Macht und Reichtum des Regenten effektvoll zur Schau zu stellen. An Bernstein-Figuren, verspielten Gefäßen aus Elfenbein, Silberpokalen und Bronzestatuetten vorbei, endete der Rundgang vor den kostbaren Juwelen des Hofes. So ist es auch heute – nur dass die wertvollsten Objekte eine Etage höher in den Vitrinen des Neuen Grünen Gewölbes zu betrachten sind.

Orient an der Elbe

Der Araberhengst in seinem pompösen Prunkgeschirr sieht aus, als wolle er gleich losgaloppieren. So echt und

Truhenweise wurden Kostbarkeiten in das Neue Grüne Gewölbe getragen.

Das Geburtstagskind: Detail des prachtvollen Tischaufsatzes „Hofstaat zu Delhi am Geburtstag des Großmoguls Aureng-Zeb" im Neuen Grünen Gewölbe

Nur anschauen, nicht anfassen: Der Sächsische Staatsschatz im Neuen Grünen Gewölbe umfasst die wertvollsten Stücke der Sammlung.

Um 1513 malte Raffael seine „Sixtinische Madonna", 1754 kam sie nach Dresden, wo sie heute in der Gemäldegalerie Alte Meister bewundert werden kann.

Die Kunsthalle im Lipsiusbau bietet wechselnde Ausstellungen.

Sächsische Staatskapelle

Special

Orchester von Weltrang

Atemlos hatte das Publikum Bruckners 8. Sinfonie gelauscht. Und als der Dirigent sich umdrehte, gab es keinen Zweifel mehr: Christian Thielemann hatte sich für Dresden entschieden.

Wie viele seiner namhaften Vorgänger schwärmt auch der derzeitige Chefdirigent vom betörend weichen Klang der Sächsischen Staatskapelle. Richard Wagner, der in Dresden als Kapellmeister wirkte, nannte sie seine „Wunderharfe". Geradezu hymnisch lobte Richard Strauss die Uraufführungen seiner Opern in Dresden. Ernst von Schuch, Fritz Busch und Karl Böhm hoben am Dirigierpult die Strauss-Opern aus der Taufe. 1548 gegründet, gehörte die Staatskapelle stets zu den führenden Orchestern. Bereits als Hofkapelle unter Heinrich Schütz (1617–1656) genoss sie diesen Ruf, später unter Carl Maria von Weber (1816–1826), Josef Keilberth (1945–1950) und Giuseppe Sinopoli (1992–2001). Fritz Busch, der 1922 die Leitung übernahm, ging mit dem Orchester erstmals auf Tournee und machte Aufnahmen. Weil er sich weigerte, Hitler in Berlin zu Diensten zu sein, wurde er am 7. März 1933 von SA-Männern lautstark am Dirigieren des „Rigoletto" gehindert und musste seinen Dienst quittieren. Seit 1993 ehrt die Stiftung zur Förderung der Semperoper herausragende Künstler mit dem Fritz-Busch-Preis.

Christian Thielemann in der Semperoper

lebensgroß von einem Dresdner Holzkünstler gestaltet, steht er mit sieben weiteren in der „Türckischen Cammer". Prächtige osmanische Säbel und Dolche, Helme und Gewänder prangen in den Vitrinen. Am eindrucksvollsten aber ist das osmanische Prunkzelt: Ganze 20 Meter lang, acht Meter breit und sechs Meter hoch. Dunkel ist es in den Ausstellungsräumen, damit man seine Fantasie ungezügelt schweifen lassen kann – hin zu den Festgelagen Augusts des Starken, der sich gerne mal als Sultan verkleidete und mit türkischen Janitscharen umgab.

Barocke Pracht

Wohin nur mit den herrlichen Zitronen- und Granatapfelbäumen, wenn es Winter wird? Andere Herrscher hatten längst stattliche Orangerien, also wollte August der Starke auch eine – am Zwingergarten, in Schlossnähe an der Festungsmauer. Schlichtes war von vornherein ausgeschlossen, und so entstand ein Festplatz in barocker Gartengestalt, mit heiteren Wasserspielen im Nymphenbad und mit einem Mathematisch-Physikalischen Salon. Versailles stand unübersehbar Pate, dort wie auch in Wien und Rom holte sich Landbaumeister Matthäus Daniel Pöppelmann Anregungen. Seinen Plan, das Freigelände des Zwingers bis zur

Ein 360-Grad-Panorama Dresdens zu Zeiten „Canalettos": Im Asisi-Panometer wird ein sonniger Augusttag des Jahres 1756 höchst anschaulich gemacht.

Der 1880 erbaute Kleine Dresdner Gasometer hat als Panometer eine beeindruckende neue Funktion.

Die kleinen Grundlagen des Lebens einmal ganz groß: Deutsches Hygiene-Museum

1912 wurde das Deutsche Hygiene-Museum als „Volksbildungsstätte für Gesundheitspflege" eröffnet.

„Dresden hat mir große Freude gemacht und meine Lust, an Kunst zu denken, wieder belebt. Es ist ein unglaublicher Schatz aller Art an diesem schönen Orte."

Johann Wolfgang von Goethe

Elbe hin zu gestalten, konnte er allerdings nicht umsetzen – das Militär sperrte sich gegen eine Aufweichung der Befestigungsanlage. Im 19. Jahrhundert schloss Gottfried Semper das barocke Ensemble gekonnt mit einer Galerie, die seither die kostbare Gemäldesammlung Alte Meister beherbergt.

Porzellan in Szene gesetzt

Was macht der tätowierte Mann in schwarzer Lederkluft im ehrwürdigen Zwinger? Der Mann ist Peter Marino, seines Zeichens New Yorker Star-Architekt, der die uralte Porzellansammlung neu und opulent inszeniert hat. Auf vergoldeten barocken Konsolen präsentieren sich türkisfarbene Vasen an einer violetten Wand, chinesische Figürchen und Teller vor roter Seidentapete. Wilde Tiere hocken auf goldenen Felsen unter einem mit Porzellanglöckchen gesäumten roten Baldachin. Das hätte sicher auch August dem Starken gefallen. 2,4 Millionen Euro hat die Umgestaltung der Ausstellung gekostet, finanziert über die Konjunkturhilfe aus dem Bundeshaushalt. August war offenbar nicht so flüssig; er hatte für ein paar überdimensionale Deckelvasen noch 600 Dragoner an Friedrich Wilhelm I. nach Preußen verschachert und bei der Meißner Porzellanmanufaktur offene Rechnungen über 47926 Taler hinterlassen.

Die Zwingerkonzerte und Ballettveranstaltungen vor dem Wallpavillon haben mittlerweile Tradition.

Der Wallgraben lag einst außerhalb der Stadt, Heute ist er von einer Parkanlage umgeben.

Blick durch den Zwingerhof zum stadtauswärts gelegenen Wallpavillon. Hinter dem Kronentor liegt der Wallgraben.

Dem Kronentor benachbart, gehört das Porzellanmuseum zu den Ausstellungsorten im Zwinger – hier der von Peter Marino gestaltete Tiersaal.

Madonna mit Engeln

„Platz für den großen Raffael", soll Friedrich August II. ausgerufen haben, als das Gemälde der „Sixtinischen Madonna" im März 1754 in Dresden eintraf. In moderner Zeit bekannt wurde es vor allem dank der beiden kecken Engel am unteren Bildrand, die in tausendfachen Nachbildungen jeglicher Nippes-Kategorie um die Welt gehen. Botticelli, Tizian und Tintoretto, Vermeer, van Dyck und Rembrandt, Dürer, Cranach und Holbein – die meisten der wertvollen Werke wurden in etwas mehr als 50 Jahren in ganz Europa zusammengekauft.

Doch so majestätisch, wie sie dort hängen, sollen die Kunstwerke nicht nur beeindrucken. „Ein Museum muss leben", lautet die Devise, und so dürfen Kinder ihren Geburtstag bei den Alten Meistern feiern, wird der Blick bei Sonderausstellungen auf besondere Aspekte der Sammlung gelenkt.

Die Moderne ist da

Wenn Caspar David Friedrich, Impressionisten wie Monet und Degas oder auch die Vertreter der Künstlervereinigung „Brücke" und andere expressionistische Maler die „Neuen Meister" sind – was ist dann die Gegenwartskunst? Ganz einfach: auch neue Meister. Im Albertinum an der Brühlschen Terrasse haben Gerhard Richter, Georg Baselitz und A.R. Penck eigene Räume. Mitunter prallen Alt und Neu gar unmittelbar aufeinander, auch in der Skulpturensammlung. Eine Schule des Sehens ist dieses einzigartige Museum, in der auch DDR-Kunst mit westdeutschen Werken aus der jeweils gleichen Epoche verglichen werden kann.

Nur wenige Meter entfernt wird der Lipsiusbau ebenfalls für wechselnde Ausstellungen der Gegenwartskunst genutzt. Und wenn dann noch einmal ein paar Schritte weiter die Kunstakademie im Sommer die Diplomarbeiten ihrer Absolventen vorstellt, hat der Betrachter einen kompletten Überblick über die Moderne in der Kunst.

KULTURFÖRDERUNG

Klotzen für die Kultur

Der Freistaat Sachsen weiß, was er der Kultur im Lande schuldet. Für Theater, Museen und Orchester in Dresden gibt er jährlich 60 Millionen Euro aus. Doch die Kultureinrichtungen wissen auch ganz gut sich selbst zu helfen.

Die Bundeskanzlerin war da und der Präsident der Vereinigten Staaten von Amerika, der russische Ministerpräsident und die Königin von Dänemark. Sie alle wollten die Schatzkammer Augusts des Starken, das Historische Grüne Gewölbe, sehen. Das Dinner serviert man solch hohem Besuch gerne auf kostbarem Meißner Porzellan im stilvollen Ambiente der Galerie Alte Meister. Prominente Gäste sind gerne gesehen bei den Staatlichen Kunstsammlungen.

Publicity kann der zweitgrößte Museumsverbund in Deutschland mit seinen 15 Museen immer gebrauchen. Denn neben den bekannten Sammlungen wollen auch die – zu unrecht – weniger bekannten und abseits gelegenen gepflegt und beständig modernisiert werden.

Gegen die Fluten steigern

Die große Flut des Jahres 2002 hatte auch die Kunstsammlungen hart getroffen; die Bilder der Zerstörung gingen um die Welt. 45 Künstler stifteten als Hilfsaktion eigene Werke. Beeindruckende 3,4 Millionen Euro erbrachte ihre Versteigerung bei Sothebys in New York. Mit diesem

Hinter seiner barocken Fassade ist das Albertinum ein Museum der Moderne.

finanziellen Polster trat der Generaldirektor der Staatlichen Kunstsammlungen selbstbewusst an die Sächsische Landesregierung heran und forderte weitere Unterstützung, damit das Albertinum zu einem großartigen Museum der Moderne ausgebaut werden konnte.

Und nicht nur das. Die Erfahrungen des Hochwassers zeigten, dass die umfangreichen Kunstbestände in den Depots hilflos den Unbilden der Natur ausgeliefert waren. Der Architekt des neuen Albertinums, Volker Staab, kam daher auf die Idee, den Innenhof des Gebäudes zu überdachen und darunter zwei Etagen für die 6500 eingelagerten Kunstwerke und Restaurierungswerkstätten einzuziehen. Das überzeugte auch die Sächsische Landesregierung, die 51,2 Millionen Euro für den Umbau des Gebäudes auf den Tisch legte. Und bei der Einweihungsparty gaben gleich wieder 20 Dresdner Künstler ihre Werke zur Versteigerung. Diesmal kamen beachtliche 18 000 Euro für die Restaurierung des Canaletto-Bildes „Dresden vom rechten Elbufer unterhalb der Augustusbrücke" zusammen.

„Zukunft seit 1560"

Der Titel der Jubiläumsausstellung der Staatlichen Kunstsammlungen verwies auf den Weitblick, den schon die sächsischen Kurfürsten hatten. Bislang unerreicht in Originalität und Witz war allerdings die Werbekampagne zur Eröffnung der „Türckischen Cammer": Mit türkischen Kulturvereinen wurden für die Plakatierung die Slogans „Kültürdialog" und „Weltkültürerbe" abgestimmt, türkische Imbisse steckten ihre Döner in Tüten mit aufgedruckter Werbung für die Ausstellung im Schloss. Postkarten mit türkischen Sinnsprüchen wurden verteilt.

Eine der Kostbarkeiten im Neuen Grünen Gewölbe des Residenzschlosses: eine Prunkschale mit dem Bad der Diana (Dresden 1704)

Die Türken standen 1683 vor Wien – und lösten eine wahre Orientmode in Europa aus. Der Stolz der „Türckischen Cammer" ist ein 20 Meter langes osmanisches Zelt aus Gold und Seide.

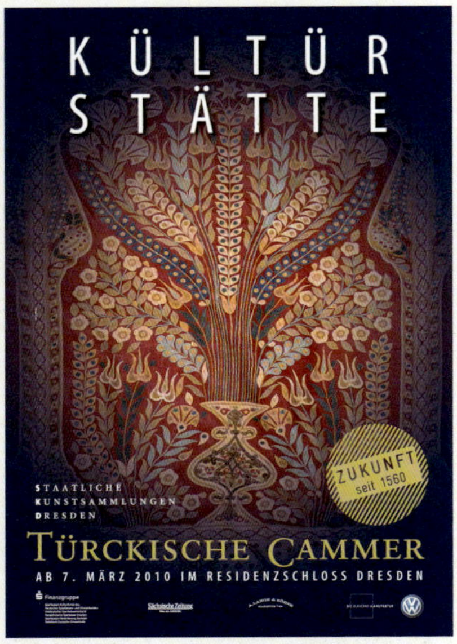

Die Ausstellungen im Dresdner Schloss sind eine wahre „Kültürstätte".

Und die Rechnung ging auf: Nun findet auch das türkische Bildungsbürgertum den Weg nach Dresden.

Kunst für die Jugend

Russland und Dänemark, die USA und China – überall auf der Welt zeigen die Sachsen ihre Staatsschätze vor, aus Dankbarkeit für die Rückgabe von Beutekunst oder um im Dialog über Kultur Grenzen zu überwinden. So wird in aller Welt das Interesse an Dresden geweckt. Hotels und Gewerbe der Stadt danken es den Museen durch Werbung, Sponsoring und Kooperationen. Im Gegenzug dürfen sie sich auch für Empfänge und Dinners zwischen den Kunstwerken einmieten – für 750 bis 8000 Euro.

Aber erst wenn die Jugend ihren Weg in die Museen findet, sind deren Direktoren zufrieden. Deshalb ist für Kinder bis 16 Jahre der Eintritt in die Museen frei. Die Museumspädagogik hält eine Vielzahl an Angeboten für Schulklassen bereit; Schüler erklären einmal im Monat „Auf junge Art" und äußerst engagiert Bilder in den Kunstsammlungen. Und auch die Mediennutzung der Jugend findet bereits ihre Berücksichtigung: Facebook und Twitter gehören zu den Online-Plattformen der Staatlichen Kunstsammlungen.

Kunst zum Klingen bringen

Ein wahres Organisationstalent und glänzender Netzwerker ist auch der Dresdner Cellist Jan Vogler. Der international renommierte Künstler schafft es scheinbar mühelos, als Intendant der Dresdner Musikfestspiele weltberühmte Kollegen an die Elbe zu lotsen. Zu DDR-Zeiten, Ende der 1970er-Jahre, war Dresden per Verfügung des SED-Zentralkomitees auserkoren worden, ein Musikfestival von Weltrang zu organisieren. Das Niveau ohne nennenswerte staatliche Unterstützung auch nach der politischen Wende zu halten, war eine Herausforderung, die seit 2008 hervorragend gelingt. Uraufführungen und musikalische Wiederentdeckungen, Altbewährtes und Ungewöhnliches wechseln sich im reichhaltigen Programm während der beiden Festspielwochen um Pfingsten herum ab.

Neue Wege gehen

Weil Dresden weg will vom angestaubten Image der Barockstadt, kann das privat initiierte Kunstfestival „Ostrale" nun auch mit städtischen Zuschüssen arbeiten. Mit wachsendem Zuspruch organisiert ein kleines Team seit 2007 eine Ausstellung der besonderen Art. Das heruntergekommene denkmalgeschützte Gelände des alten Schlachthofs im sogenannten Ostragehege bietet der jungen Kunst einen außergewöhnlichen Ort zur Darstellung. Drei Wochen lang sind hier Kunstinstallationen, Performances und Workshops, Objektkunst und Fotografie zu erleben. Da kommen schon mal 11 000 Besucher, nehmen sich einen halben Tag Zeit für die frischen und frechen Kunstwerke – und Dresden steht unversehens mit einem Bein in der Subkultur.

Die „Türckische Cammer" zeigt u. a. osmanische Waffen und der Orientmode entsprechend gestaltete Geschirre: Waffengeschenke italienischer Herzöge von 1587 und einen Rossharnisch samt Panzerhemd.

Maßstab 1:20.000
0
400m
Leipziger Vorstadt
Albertstadt
Radeberger Vorstadt
Pieschen
Süd
Äuß. Neustadt
Neustadt
Innere Neustadt
Johannstadt-Nord
Johannstadt-Süd
Pirnaische Vorstadt
Innere Altstadt
Altstadt
Seevorstadt-Ost/Großer Garten
Südvorstadt-Ost
Großer Garten
Dresden-Pieschen
Dresden-Neustadt
Dresden-Mitte
Dresden Hbf.
Dresden-Strehlen
Elbe
1 = Gothaer Str.
1 = Ludwigstr.
1 = Am Schwarzen Tor
1 = Braueriestr.
1 = Eschenstraße
2 = Schwepnitzer Str.
3 = Scheunenhofstr.
4 = Seifhennersdorfer Straße
1 = Alfred-Schrapel-Str.
2 = Terscheckstraße
3 = Maria-Cebotari-Str.
4 = Stephanienstraße
1
2
3
4
5
6
7
8
9
10
11
12
13
14
15
16
17
18
19
20
21
22
23
24
25
26
27
170
97
173
6
172
S1
S2
S3
RE3
RE15, RB31
RB30
Alaunplatz
Albertplatz
Carolaplatz
Neustädter Markt
Japanisches Palais
Museum f. Völkerkunde
Internationales Congress Center Dresden
Sachs. Landtag
Zwinger
Semperoper
Theaterplatz
Schloßplatz
Residenzschloss
Frauenkirche
Albertinum
Synagoge
Kulturpalast
Altmarkt
Rathaus
Postplatz
Pirnaischer Platz
Rathenauplatz
Deutsches Hygiene-Museum
Georgplatz
Gläserne Manufaktur (VW)
Hauptbahnhof An der Gläsernen Manufaktur
Botanischer Garten
Puppentheater "Sonnenhäusel"
Palais
Palaisteich
Parktheater
Carolaschlößchen
Carolasee
Freilicht-bühne (Junge Garde)
Karcheralle
Zoo
Lennéplatz
Stübelplatz
Straßburger Platz
Güntzplatz
Sachsenplatz
Trinitatisfriedhof
Rosengarten
Staatskanzlei
Diakonissenhaus.
Landesdirektion Dresden
Militärhistorisches Museum
Staufenbergallee
Bautzner Straße
Königsbrücker Str.
Leipziger Str.
Großenhainer Str.
Hansastr.
Antonstr.
Marienbrücke
Augustusbrücke
Carolabrücke
Albertbrücke
Wiener Str.
Strehlener Str.
Budapester Str.
Ammonstr.
Freiberger Str.
Könneritzstr.
Pillnitzer Str.
Grunaer Str.
Blasewitzer Str.
Fetscherstr.
Stübelallee
Lennéstr.
Parkstr.
Bürgerwiese
Prager Str.
Wilsdruffer Str.
Waisenhausstraße
Dippoldiswalder Pl.
Zwickauer Str.
Nürnberger Str.
Nürnberger Platz
Fritz-Löffler-Str.
Kaitzer Str.
Wallot-Str.
Comeniusplatz
Hopfgartenstr.
Kollwitzufer
Käthe-Kollwitz-Ufer
Terrassenufer
Sachsenallee

Lust an der Kultur

In Dresden aufzuwachsen, heißt Kultur zu leben. Den Grundstein für das reichhaltige Angebot haben die Wettiner Kurfürsten in ihrer Residenzstadt gelegt. Museen von internationalem Rang, hochklassige Orchester, eine vielfältige Theaterlandschaft, lebhafte Stadtteilfeste und eine ebensolche alternative Szene bieten Kunstgenuss für jeden Geschmack.

Musik

Dresdens Musikangebot beschränkt sich nicht auf die Semperoper mit der Sächsischen Staatskapelle. Das Philharmonische Orchester mit seinen Chören, die geistliche Musik in den großen Kirchen, Jazz in den Clubs und beim Dixielandfestival sowie zahlreiche kleinere Ensembles bieten beste Unterhaltung.

ALTSTADT

Eines der traditionsreichsten Orchester der Welt, die **Sächsische Staatskapelle Dresden,** hat ihre Spielstätte in der (17) **Semperoper** TOPZIEL. Sie garantiert höchsten Klanggenuss bei Opernaufführungen und erlesenen Konzertprogrammen (www.semperoper.de; Kartenvorverkauf in der Schinkelwache, Theaterplatz 2, Tel. 0351 4 91 17 05). Viel Renommee besitzt auch die (23) **Dresdner Philharmonie** (Kulturpalast, Schlossstr. 2, Tel. 0351 4 86 68 66; www.dresdnerphilharmonie.de). Gleich zwei vortreffliche Knabenchöre widmen sich der geistlichen Musik: Der **Kreuzchor** ist in der (22) Kreuzkirche am Altmarkt zu erleben (www.kreuzkirche-dresden.de; Chorvespern an ausgewählten Sa. meist 17.00 Uhr); die **Dresdner Kapellknaben** singen bei der Messe in der katholischen (19) Kathedrale (www.kapellknaben.de, So. 10.30 Uhr) und an kirchlichen Feiertagen. Lehrer und Absolventen der (12) **Musikhochschule Carl Maria von Weber** musizieren im Hochschulgebäude (Wettiner Platz 13 bzw. Schützengasse; www.hfmdd.de) oder stilvoll im Kammermusiksaal von Schloss Albrechtsberg (Bautzner Straße 130, www.schloss-albrechtsberg.de). Seit den 1970er-Jahren bietet Dresden auch schwungvollen Jazz. Internationale Stars treten im (21) **Jazzclub Neue Tonne** auf (Tzschirnerplatz 3–5, www.jazzclubtonne.de).

NEUSTADT

Party- und Konzertlocation für die Jungen ist das (5) **Kulturzentrum Scheune**, das im Juni mit dem Schaubuden-Sommer ein Festival mit Tanz, Musik, Puppentheater, Clownerie u. v. m. veranstaltet (Alaunstraße 36–40, www.scheune.org). Der (3) **Alte Schlachthof**, ein Industriedenkmal, bietet Rock- und Pop, Comedians und Entertainern eine Bühne (Gothaer Straße 11, www.alter-schlachthof.de).

Ob Schauspielhaus (oben) oder Konzert der Kapellknaben – Dresdens Kulturangebot ist vielseitig aufgestellt.

AUSSERHALB

Zeitgenössische Musik bieten die Dresdner Sinfoniker im (1) **Festspielhaus Hellerau** (Karl-Liebknecht-Straße 56, außerhalb des Kartenausschnitts, Tel. 0351 2 64 62 46, www.dresdner-sinfoniker.de). Schwungvoll inszenierte Operetten, Musicals und Revuen stehen auf dem Programm der (11) **Staatsoperette** im Stadtteil Wilsdruffer Vorstadt (Kraftwerk Mitte 1, Tel. 0351 32 04 29 00, www.staatsoperette.de).

Theater

Die Theaterszene Dresdens ist bunt und lebhaft. Das ehrwürdige Schauspielhaus hat sich mit der Bürgerbühne auch dem Laienschauspiel geöffnet und in zahlreichen kleineren Einrichtungen blüht das Kulturleben.

ALTSTADT

Ob Klassiker oder Werke zeitgenössischer Autoren wie Ingo Schulze, Uwe Tellkamp oder Cornelia Funke – im (15) **Schauspielhaus** am Zwinger kommen sie zeitgemäß inszeniert auf die Bühne (Theaterstraße 2, Kartentel. 0351 4 91 35 55, www.staatsschauspiel-dresden.de).

Kleinkunst in vielen Facetten bietet der (18) **Theaterkahn Dresdner Brettl** (Terrassenufer an der Augustusbrücke, Tel. 0351 4 96 94 50, www.theaterkahn-dresden.de). Die leichte Muse, Lesungen, Konzerte, Märchen und Volkskultur bietet das (13) **Boulevardtheater Dresden** (Maternistraße 17, Tel. 0351 26 35 35 26, www.boulevardtheater.de), politisches Kabarett die (14) **Herkuleskeule** (Kulturpalast, Schlossstraße 2, Tel. 0351 4 92 55 55; www.herkuleskeule.de) sowie (12) **Breschke & Schuch** (Wettiner Platz 10/Eingang Jahnstraße 5a, Tel. 0351 490 40 09; www.kabarett-breschke-schuch.de). Leichtere Kost serviert das Boulevardtheater (13) **Comödie Dresden** im World Trade Center (Freiberger Straße 39, Tel. 0351 86 64 10, www.comoedie-dresden.de). Schauspiel für Kinder und Jugendliche bietet das (11) **Theater Junge Generation** (Kraftwerk Mitte 1, Tel. 0351 32 04 27 77, www.tjg-dresden.de).

NEUSTADT
Das 6 **Kleine Haus** des Staatsschauspiels inszeniert zeitgenössische Stücke und Interpretationen von Klassikern; die Bürgerbühne gibt auch Laiendarstellern eine Chance (Glacisstraße 28, Tel. 0351 4 91 35 55, www.staatsschauspiel-dresden.de). Im 9 **Societätstheater** hat das moderne Kammerspiel eine Heimstatt (An der Dreikönigskirche 1a, Tel. 0351 8 03 68 10; www.societaetstheater.de). Das 4 **Projekttheater** ist eine alternative Tanzbühne ohne festes Ensemble (Louisenstraße 47, Tel. 0351 8 10 76 00, www.projekttheater.de). Die Dresdner Tradition des Ausdruckstanzes pflegt das 1 **Europäische Zentrum der Künste** im Festspielhaus Hellerau mit Forsythe Company und Gastspielen (Karl-Liebknecht-Straße 56, www.hellerau.org, Tel. 0351 2 64 62 46, Abendkasse Tel. 0351 2 64 62 44).

Museen

Die in mehr als 500 Jahren gesammelten Kunstschätze haben Dresdens Museen weltbekannt gemacht. Mittlerweile findet zunehmend auch zeitgenössische Kunst ihren Platz.

ZWINGER
Drei Museen der Staatlichen Kunstsammlungen Dresden sind im 16 **Zwinger** TOPZIEL untergebracht (Informationen zu allen Museen der SKD unter www.skd.museum). Die **Gemäldegalerie Alte Meister** im Semperflügel zeigt etwa 750 Werke der europäischen Malerei des 15.–18. Jahrhundertss. Zu sehen sind Stadtpanoramen von Bernardo Bellotto *Canaletto*. Raffaels *Sixtinische Madonna*, Giorgiones *Schlummernde Venus* und Tizians *Zinsgroschen* gehören zu den Hauptwerken der italienischen Renaissance. Gezeigt werden auch flämische Barockmalerei u. a. von Rubens und Rembrandt sowie französische Malerei des 17. Jhs., Kunst des 18. Jhs. aus Italien und Frankreich, spanische Malerei des 16. und 17. Jhs., u. a. El Greco. Sehenswert ist auch die **Skulpturensammlung bis 1800**. Kürzlich wurde der Ostflügel saniert, bis 2019 wird der Westflügel generalüberholt (Di.–So. 10.00–18.00, Rundgang Di.–Sa. 14.00 und Fr.–So. 11.00 Uhr). Durch den Glockenspielpavillon gelangt man zur **Porzellansammlung** mit Werken aus China vom 3. Jh. v. Chr. bis zur Ming-Dynastie (17. Jh.), japanischem und koreanischem Porzellan aus dem 16.–18. Jh., Böttger-Steinzeug und Meißner Porzellan aus dem 18. Jh. Vasen, Grabbeigaben und Tierplastiken aus Meißner Porzellan sind aufwendig inszeniert (Di.–So. 10.00–18.00 Uhr). Die Technikbegeisterung sächsischer Kurfürsten spiegelt der **Mathematisch-Physikalische Salon** im nordw. Zwinger-Pavillon, wo Atlanten, Welt-, Erd- und Himmelsgloben sowie physikalische Messinstrumente und eine Ausstellung über die Geschichte der Glashütter Präzisionsuhrmacherei präsentiert werden (Di.–So. 10.00 bis 18.00 Uhr).

Tipp

Gläserne Manufaktur

Im Rahmen von geführten Rundgängen taucht man ein in die faszinierende Erlebniswelt der Gläsernen VW-Manufaktur rund um die Themen Elektromobilität und Digitalisierung. An über 50 Exponaten und Fahrzeugen erlebt man die Gegenwart und Zukunft der Mobilität auf spielerische, interaktive und informative Art. Und wer Elektromobilität einmal ganz persönlich erfahren möchte, darf eines der e-Modelle hier Probe fahren.

26 Gläserne Manufaktur, Lennéstraße 1
Anfragen und Informationen:
Tel. 0351 4 20 44 11
www.glaesernemanufaktur.de

Dresden am Abend: am Stadtmuseum (oben) und vor Residenzschloss und Kathedrale (rechts)

RESIDENZSCHLOSS
Seit seiner aufwendigen Rekonstruktion ist das 19 **Residenzschloss** TOPZIEL ein Museumszentrum von Weltrang. Im Erdgeschoss des Westflügels ist das **Historische Grüne Gewölbe** in seiner barocken Gestaltung von 1733 ein Publikumsmagnet. Auf vergoldeten Tischen und Wandkonsolen zeigt die Schatzkammer Augusts des Starken u. a. Silberpokale, Edelstein- und Elfenbeinfiguren sowie die Juwelengarnituren des sächsisch-polnischen Königshauses (Mi.–Mo. 10.00–18.00 Uhr; www.skd.museum).
Zu den kostbaren Pretiosen des sächsischen Staatsschatzes gelangt man in der ersten Etage. Dort präsentiert das **Neue Grüne Gewölbe** u. a. das Meisterwerk des Hofjuweliers Johann Melchior Dinglinger, den *Hofstaat zu Delhi am Geburtstag des Großmoguls Aureng-Zeb*, eine Pracht-Puppenstube aus Gold, Diamanten und Edelsteinen (Mi.–Mo. 10.00–18.00, Rundgang Mi.–Mo. 11.00 und 14.00 Uhr).
Schätze osmanischer Herrscher des 16.–18. Jhs. sind in der **Türckischen Cammer** in der zweiten Etage zu bewundern. Neben reich verzierten Waffen, mit Edelsteinen besetzten Prachtgeschirren an lebensnahen Araberhengsten und Kunstwerken aus den Istanbuler Hofwerkstätten bildet ein 6 m hohes und 20 m breites osmanisches Prunkzelt den Höhepunkt der Ausstellung (Mi.–Mo. 10.00–18.00 Uhr). Historische Ritterrüstungen und Prunkwaffen aus dem 15.–17. Jh. werden in der 60 m langen Riesensaal-**Rüstkammer** u. a. in Turnierszenen dargeboten (Mi.–Mo. 10.00–18.00 Uhr). Das **Münzkabinett** zeigt Orden, historische Wertpapiere und Münzen ab der Antike (vorübergehend geschlossen). Einen immensen Schatz an grafischen Werken vom 15. Jh. bis zur Gegenwart bietet das **Kupferstichkabinett**, mit Exponaten u. a. von Dürer, van Eyck, Rembrandt, Toulouse-Lautrec und Picasso (geöffnet nur zu Ausstellungen).

ALTSTADT
Kunst von der Romantik bis zu Gegenwart versammelt das 20 **Albertinum** in einer einmaligen Mischung. Die **Galerie Neue Meister** zeigt Werke von Caspar David Friedrich über die Impressionisten (Monet, Liebermann, Slevogt), die expressionistischen Bilder der „Brücke"-Künstler bis hin zur Moderne (Dix, Grundig, Mattheuer, Tübke) und Gegenwart (Baselitz, Penck, Richter) in ihren Beziehungen zueinander. Auch die **Skulpturensammlung ab 1800** im gleichen Haus hebt die Trennung der Kunstepochen auf. Der Mosaiksaal widmet sich mit Skulpturen des Klassizismus dem Thema „Moral". Die antiken Statuen der Sammlung werden am Eingang in einem Schaudepot gezeigt; sie sollen ihren Platz einmal im Ostflügel des Semperbaus haben (Brühlsche Terrasse/ Georg-Treu-Platz, Di.–So. 10.00–18.00 Uhr). Die benachbarte 20 **Kunsthalle** im Lipsiusbau zeigt wechselnde Ausstellungen der Gegenwartskunst (Di.–So. 10.00–18.00 Uhr). Nicht das künstlerische Schaffen, sondern der Mensch an sich ist Thema im 25 **Deutschen Hygiene-Museum** (Lingnerplatz 1, Di.–So.

Das Nymphenbad des Zwingers

10.00–18.00 Uhr, www.dhmd.de). 800 Jahre Geschichte und Werke von Dresdner Künstlern sind im 24 **Stadtmuseum** zu sehen (Wilsdruffer Straße 2, Di.–So. 10.00–18.00 Uhr, www.museen-dresden.de).

NEUSTADT
Den Traum Augusts des Starken von einem Porzellanschloss im Japanischen Palais träumen manche Politiker heute noch; doch vorerst bleibt das Gebäude dem 10 **Museum für Völkerkunde** vorbehalten. Sämtliche Erdteile sind hier mit Volkskunst repräsentiert (Palaisplatz 11, derzeit geschlossen, https://voelkerkunde-dresden.skd.museum). Das 8 **Museum für Sächsische Volkskunst** zeigt im Jägerhof (1617) Möbel und Hausrat, Trachten, Erzgebirgsschnitzereien und Klöppelarbeiten (Köpckestraße 1, Di.–So. 10.00–18.00 Uhr, www.skd.museum). Künstler der Romantik trafen sich einst im Kügelgenhaus. Heute zeigt es als 9 **Museum der Romantik** Exponate vom Klassizismus bis zur Biedermeierzeit (Hauptstraße 13, Mi. bis So. 10.00–18.00 Uhr, www.museen-dresden.de). Interaktiv ist das 7 **Erich-Kästner-Museum** in der Villa Augustin am Albertplatz, die dem Onkel des Schriftstellers gehört hatte (Antonstraße 1, So.–Mi., Fr. 10.00–18.00 Uhr, www.erich-kaestner-museum.de).
Mit einem spektakulären Umbau stellt der renommierte Architekt Daniel Libeskind das 2 **Militärhistorische Museum der Bundeswehr** in einen neuen Zusammenhang. Ein gläserner Keil durchschneidet die Front des ehem. Arsenalhauptgebäudes aus dem 19. Jh. – ein Mahnmal für die Zerstörungen des Zweiten Weltkriegs. Auch die Ausstellung will auf die wechselhafte Geschichte und die zukünftigen Aufgaben des Militärs hinweisen (Olbrichtplatz 2, Mo. 10.00–21.00, Di.–So. 10.00 bis 18.00 Uhr, www.mhmbw.de).

Tipp

Historische Panoramen

Ein Bild sagt mehr als tausend Worte, fand der Berliner Künstler Yadegar Asisi. In einem alten Gasspeicher breiten sich um die 15 m hohe Aussichtsplattform 360°-Panoramen Dresdens aus, unterstützt von stimmungsvollen Lichtwechseln und eingespielten Geräuschen. Abwechselnd werden die Austellungen „DRESDEN 1945 – Tragik und Hoffnung einer europäischen Stadt" und „DRESDEN IM BAROCK – Mythos der Sächsischen Residenzstadt" präsentiert.

27 Asisi Panometer Dresden
Gasanstaltstraße 8b
www.asisi.de, Mo.–Fr. 10.00–17.00, Sa. und So. 10.00–18.00 Uhr

Genießen Erleben Erfahren

DuMont Aktiv

Erst schauen, dann malen

Wem es nicht reicht, sich die Kunstwerke in den Museen der Staatlichen Kunstsammlungen nur anzusehen, findet in den Werkstattkursen vielfältige Möglichkeiten, die eigenen Talente zu erproben.

Das „Schokoladenmädchen" von Jean-Étienne Liotard gehört zu den Stars der Sammlung Alte Meister. Vielfach reproduziert, findet sich das Motiv auf Tassen und Lesezeichen. Doch wer ahnt schon, wie präzise der Künstler arbeiten musste, um sein Pastell aufs Pergament zu bringen? Nur eine Farbe reichte den Malern der Renaissance, um grandiose Portraits zu zeichnen. Leonardo da Vinci verwendete als Erster Rötelkreide und Viele folgten ihm. Eine Ahnung von den Techniken der Meistermaler vermitteln die Staatlichen Kunstsammlungen in ihren Werkstattkursen. Ob Stillleben, Porzellanmalerei oder erzgebirgische Reifentiere – an alles kann sich der interessierte Laie dort selbst heranwagen.

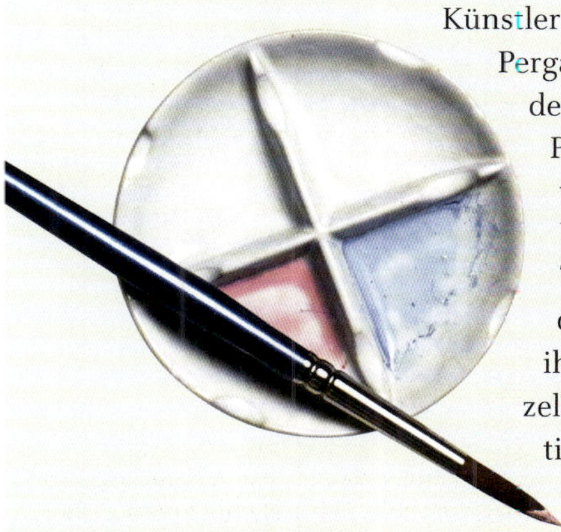

Weitere Informationen

Die Staatlichen Kunstsammlungen Dresden bieten zahlreiche Workshops und Ausstellungsrundgänge mit einem Praxisteil für Kinder an. Informationen unter: www.skd.museum

Unter professioneller Anleitung können Kursteilnehmer am eigenen Objekt erfahren, wie die Künstler ihre Meisterwerke erschufen.

ART

An der Elbe Auen

Für ein Picknick im Grünen müssen die Dresdner keine langen Wege zurücklegen. Die breiten Elbwiesen bieten reichlich Platz. Dazu kommen der Große Garten, Schloss Pillnitz mit seinem barocken Landschaftspark und die vielen verträumten Plätze an den Elbhängen. Bei einer Schiffstour mit der Weißen Flotte kann man sich in aller Ruhe seinen Lieblingsplatz auswählen.

Umgeben wird der Mozart-Brunnen auf der Bürgerwiese von den drei vergoldeten Bronzefiguren *Anmut, Heiterkeit* und *Ernst*.

Das Palais und das Parterre des Großen Gartens erinnern an den barocken Ursprung. Das Palais, seinerzeit erstes Barockschloss Sachsens, dient heute auch barocken Skulpturen als Domizil.

Einmal wie „Canaletto" blicken – am Neustädter Elbufer ist es möglich

Er hätte zu gern in einem der Kavaliershäuschen beim Palais im Großen Garten gewohnt, so schrieb Erich Kästner einmal.

Wenn die Sonne am Himmel lacht, gibt es kein Halten mehr. Dann werden die Fahrräder gepackt, Inline-Skates untergeschnallt und die Freunde in den Biergarten bestellt. Das sind die italienischen Momente im Leben eines Dresdners. Er hat dann nur noch die Qual der Wahl: Blick ins Tal oder auf die Elbhänge – oder vielleicht doch eine Runde durch den Großen Garten, einen Zoobummel oder eine Wanderung in der Dresdner Heide?

Ein wirklich Großer Garten

Was einst ein Ausflug vor die Tore der Stadt war, ist heute ein Bummel fast im Stadtzentrum. Der Große Garten ist eine grüne Oase mitten in Dresden und jedermann zugänglich. Das war nicht immer so. Kurfürst Johann Georg III., Vater Augusts des Starken, ließ ihn 1676 als ummauerten Jagdgarten anlegen. Im stattlichen Barockpalais feierte sich der Hof und sein kulturelles Engagement. Schließlich war immer wieder aufs Neue der legendäre Ruf der sächsischen Hoffeste zu verteidigen. Heute gerät alles eine Nummer schlichter und bürgerlicher. Doch sind die Konzerte nicht weniger gefragt als einst und auch die Kunstausstellungen frönen wieder dem Zeitgeist, stehen nunmehr in reizvollem Kontrast zum barocken Flair.

Gefallen hätte dem herrscherlichen Spieltrieb sicherlich auch die Parkeisenbahn, wenngleich sie sich fest in Kinderhand befindet. Dennoch, Stationsvorsteher und Bahnwärter in ihren blauen Uniformen versehen ihren Dienst mit großem Ernst. Schnaufend setzt sich die Lok in Bewegung und ab geht es zu den Attraktionen des 147 Hektar umfassenden Parks. Am Palaisteich mit der großen Fontäne herrscht im Sommer Hochbetrieb, vor allem wenn zusätzlich zu den Spaziergängern auch Radfahrer und Skater ihre Runden auf den beiden gepflasterten Hauptachsen drehen. Doch Platz ist genug für alle.

Tellkamps Turm

Christian Hoffmann ist des Öfteren mit der Standseilbahn von Loschwitz den Elbhang hinaufgefahren. Der Protagonist aus Uwe Tellkamps preisgekröntem Roman *Der Turm* geleitet den Leser durch das bürgerliche DDR-Leben am Weißen Hirsch, dem Villen- und einstigen Luftkurort Dresdens. Seinen Namen erhielt der Stadtteil von einem Gasthof an dem großen Waldgebiet der Dresdener Heide, um den im 17. Jahrhundert eine kleine Siedlung entstand. Natur und die gute Luft dort zogen die Städter an – im 19. Jahrhundert entstanden Villen, ein Kurhaus und ein Kurpark. Schließlich

Schloss Eckberg wurde dem damaligen Zeitgeist entsprechend im neugotischen Tudorstil errichtet.

Lieblingssommersitz der sächsischen Herrscher: Am Wasserpalais von Pillnitz legten einst die kurfürstlichen Gondeln an.

Von der Bergstation der Standseilbahn geht der Blick auf Blasewitz, Loschwitz und die Elbbrücke „Blaues Wunder".

Das spätklassizistische Schloss Albrechtsberg wurde in Anlehnung an die Villa d'Este bei Rom für den preußischen Prinzen Albrecht erbaut.

verhalf der Arzt und Naturheiler Heinrich Lahmann dem Kurort zum Durchbruch. Es gab aber auch Tanzvergnügen in zahlreichen Ballsälen und Konzerte im Kurpark. Die 1905 gegründete Künstlervereinigung „Brücke" traf sich in der Pension Felsenburg, Richard Strauss und UFA-Stars wie Heinz Rühmann und Zarah Leander nahmen Quartier im Parkhotel.

Der Zweite Weltkrieg beendete das geschäftige Treiben abrupt. Die Wiederbelebung gelang nie wirklich, es kam das endgültige Aus für die Bäderherrlichkeit. Das Lahmann-Sanatorium wurde bis 1990 als sowjetisches Militärlazarett zugrunde gerichtet und soll in den kommenden Jahren saniert werden. Zu DDR-Zeiten wurden die herrschaftlichen Villen als Kinderheime genutzt, das Privateigentum kollektiviert.

Baron Manfred von Ardenne allerdings genoss seinen Sonderstatus als Kernphysiker in einem großen Forschungszentrum an der Plattleite. Er taucht in Uwe Tellkamps Roman als Baron von Arbogast auf. Die Straßen- und Häusernamen sind im Buch nur so ähnlich wie in Wirklichkeit – eine Herausforderung für alle, die sich auf eigene Faust oder bei organisierten Rundgängen in der verblichenen Welt des DDR-Bürgertums im *Turm* zurechtfinden wollen.

Lustschloss und Gartenlust

Einst spielte Gräfin Cosel die Hauptrolle in der traumhaften Inszenierung des Schlosses Pillnitz, als ihr Geliebter, August der Starke, ihr als Zeichen seiner Zuneigung ein im Stil der damaligen China-Mode errichtetes Palais mit barockem Lustgarten schenkte. Heute ist die Hauptrolle an die mehr als 250 Jahre alte Kamelie übergegangen. 8,60 Meter hoch und 11 Meter breit zeigt sie sich in ihrem Glashaus von Februar bis April in voller Blüte. Auch die mächtigen Bäume im Park haben schon zwei Jahrhunderte überdauert; die Platane am Teichufer des Englischen Gartens ist mit einem Stammdurchmesser von 2,10 Metern der stärkste Baum.

Jeden Sommer durchweht ein Hauch vergangener aristokratischer Unbeschwertheit den Park zwischen Berg- und Wasserpalais: Entlang des großen Stromes wird dann das „Elbhangfest" gefeiert und eine kulturelle Veranstaltung folgt der anderen.

Doch nicht immer zeigte sich die Elbe als die erwartet sanfte, mondbeschienene Festkulisse. Im August 2002 und im Juni 2013 brachten tagelange heftige Regenfälle das sonst so träge erscheinende Gewässer in Wallung und mit ihm die Flüsse und Flüsschen der Region. Landunter hieß es damals für die Dresdner Altstadt und große Teile der Elbanrainer bis hinab an Hamburgs Grenzen. Und der reizend klingende Name Pillnitzer Wasserpalais bekam eine bittere Doppeldeutigkeit.

Gartenstadt mit Kultur

Dörfliche Idylle und avantgardistische Kunst – dieser Gegensatz ist in Hellerau aufgehoben. Abseits vom Dresdner Zentrum hat sich die Reformbewegung des frühen 20. Jahrhunderts eine eigene Welt erschaffen, die auch heute zum Wohnen und Arbeiten gefragt ist. Nach wie vor wird in den Deutschen Werkstätten hochwertiges Mobiliar produziert. Sie waren Ausgangspunkt für die Siedlungsbauten im Grünen, in denen der Möbelfabrikant Karl Schmidt seinen Arbeitern ein von Bildung, Kultur und Natur bestimmtes Lebensumfeld schaffen wollte. Im Festspielhaus wird die Tradition des modernen Ausdruckstanzes fortgesetzt, die mit den aus den 1920er-Jahren bekannten Namen Mary Wigman und Gret Palucca verbunden ist. Auch die zeitgenössische Musik hat ihren Platz im Europäischen Zentrum der Künste. Und wer sich nach einem Konzert mit 50 Windgongs oder dem Festival der computergestützten Kunst wieder erden will, trinkt seinen Kaffee am besten im Gasthaus am Markt und taucht von dort in die Idylle der Gartenstadt ein.

Die zauberhaftesten Cafés

Aber bitte mit Sahne!

Schon die Gebrüder Grimm haben den Begriff „Kaffeesachsen“ in ihr *Deutsches Wörterbuch* aufgenommen. Und es stimmt: Der Sachse liebt den Kaffee sehr. Trotz der allgegenwärtigen „Coffee to Go“-Ketten behaupten sich in Dresden und Umland Cafés mit nostalgischem Flair ebenso wie stylische Kaffeebars.

1

2

4

3 Cupcakes bei Charlottes Enkeln

In der klitzekleinen Espressobar am Blauen Wunder fühlt man sich auf Anhieb besonders. Egal, ob auf dem roten Ledersofa, den Barstühlen oder im Freisitz auf der Fensterbank – hier einen Platz zu ergattern, erfordert oft Geduld. Der grandiose Kaffeegenuss lohnt das Warten und steigert sich in Kombination mit den herrlichen hausgemachten Mini-Cupcakes.

Charlottes Enkel
Loschwitzer Str. 58
01309 Dresden
Tel. 0351 31 20 80 30
www.charlottesenkel.com

1 Eierschecke im Coselpalais

Sie gehört zu Dresdens einzigartigen Genüssen – die Eierschecke, ein Blechkuchen mit Rührteigboden, einer Quark-Vanille-Pudding- und einer Ei-Vanille-Pudding-Schicht. Im Porzellanzimmer des Coselpalais wird sie stilecht auf edlem Meißner Porzellan serviert. In der Kuchenvitrine wirkt sie allerdings zwischen all den Sahne- und Buttercreme-Torten fast schon unscheinbar. Vom Grand Café lässt sich dies nicht behaupten. Es verströmt in Einrichtung und Dekor königlich-barockes Flair. Und auf der Terrasse ist man der Frauenkirche ganz nah.

Grand Café und Restaurant Coselpalais
An der Frauenkirche 12
01067 Dresden
Tel. 0351 4 96 24 44
www.coselpalais-dresden.de

2 Porzellantorte in der Schinkelwache

Links der Zwinger, rechts die Hofkirche und am reitenden König Johann vorbei, geht der Blick direkt zur Semperoper – Dresdens Theaterplatz ist der richtige Ort zum Schauen und Verweilen. Und mit der vierstöckigen Porzellantorte auf dem Kuchenteller hat man nun wahrlich Grund genug, diesen Genuss in die Länge zu ziehen.

Café Schinkelwache
Am Theaterplatz
01067 Dresden
Tel. 0351 4 90 39 09
www.schinkelwache-dresden.de

4 Teatime im Lloyds

Wer die Dresdner Neustadt nur mit Szenekneipen in Verbindung bringt, wird hier eines Besseren belehrt. Gediegen die Einrichtung und schier endlos vor allem das Angebot an Teesorten. Zur englischen Teatime werden Sandwiches, Scones und Patisserie stilecht auf Etageren gereicht. Das Haus gehört der Diakonie; eine Behindertenwerkstatt stellt die ausgesprochen freundliche Bedienung.

Lloyds, Martin-Luther-Str. 17
01099 Dresden
Tel. 0351 5 01 87 74
www.lloyds-cafe-bar.de

5 Toscana-Torte am Blauen Wunder

Die sensationelle Kreation aus feiner Buttercreme und Baumkuchenstückchen ist eine Hommage an Luisa von Toscana. Die österreichische Gattin des sächsischen Thronfolgers Friedrich August war Stammgast im 1897 gegründeten Café an der Loschwitzer Brücke. Das Haus an der Elbe bietet ausgezeichnete Backwaren, Torten und Eis und ist der ideale Ruheplatz nach einem ausgedehnten Spaziergang durch die Elbauen.

Café Toscana, Schillerplatz 7
01309 Dresden
Tel. 0351 3 10 07 44
www.cafe-eisold.de/cafe-toscana.html

6 Omas Kuchen im Hofcafé

Wo Wert auf regionale Zutaten gelegt wird, wechselt das Angebot täglich. So auch in dem kleinen gemütlichen Kaffeehaus in der Neustädter Kunsthofpassage. Es gibt also nicht ständig die gute Rhabarber-Baiser- oder raffinierte Mango-Torte, doch was es gibt, ist immer lecker. Und dank der selbst gemachten Pralinen können Sie den Genuss noch nach dem Urlaub verlängern.

Hofcafé in der Kunsthofpassage
Hof des Lichts
Görlitzer Str. 25
01099 Dresden
Tel. 0351 32 33 40 66
https://kunsthof-dresden.de/gastronomie/hofcafe

7 Ausgefallene Kreationen im Kuchenatelier

Gurke auf Kuchen – bei der Erdbeertarte im Café des Gewandhaushotels ist dies nicht nur optisch eine ansprechende Kombination. Patissier Dirk Günther setzt auf Eigenkreationen aus regionalen Produkten. Hell und pastellfarben wie seine Macarons ist auch die Inneneinrichtung. Heißer Tipp: Kaffeegenuss mit Schuss oder gleich einen Dresdner Kaffeelikör mit aufgeschäumter Milch.

Kuchenatelier, Ringstraße 1
01067 Dresden
Tel. 0351 49 49 69
http://kuchenatelier.com

DRESDEN
RADEBEUL
COSWIG
Moritzburg
Friedewald
RADEBERG
Ottendorf-Okrilla
PULSNITZ
Lichtenberg
Wachau
Leppersdorf
Medingen
Hermsdorf
Grünberg
WEIXDORF
LANGEBRÜCK
SCHÖNBORN
LIEGAU-AUGUSTUSBAD
Flughafen Dresden
KLOTZSCHE
HELLERAU
TRACHAU
PIESCHEN
MICKTEN
NEUSTADT
Drei Elbschlösser
WEISSER HIRSCH
BÜHLAU
Blaues Wunder
BLASEWITZ
ALTSTADT
Zwinger
Semperoper
Hofkirche
Albertinum
Deutsches Hygiene-Museum
Großer Garten
STRIESEN
TOLKEWITZ
LAUBEGAST
LEUBEN
PROHLIS
NIEDERSEDLITZ
GROSSLUGA
Schloss Pillnitz
WEISSIG
Dittersbach
Dürrröhrsdorf
Elbersdorf
Dresdener Heide
Ullersdorf
Klein-wolmsdorf
Groß-erkmannsdorf
Arnsdorf
Siedlung Rossendorf
COTTA
GORBITZ
LÖBTAU
PLAUEN
BRIESNITZ
COSSEBAUDE
KADITZ
FREITAL
RABENAU
THARANDT
DIPPOLDISWALDE
HEIDENAU
DOHNA
PIRNA
Kreischa
Rippien
Possendorf
Röhrsdorf
Müglitztal
GLASHÜTTE
Bahretal
BERG-GIESSHÜBEL
BAD GOTTLEUBA
Struppen
Lohmen
Talsperre Malter
Elbe
Deutsche Alleenstraße
Sächsische Weinstraße
Maßstab 1:150.000
0 2 4km

Zwischen Wiesen, Wäldern und Weinbergen

An Grün herrscht in Dresden nun wahrlich kein Mangel. Der breite Saum der Elbwiesen, die Weinterrassen und bewaldeten Elbhänge finden eine Ergänzung in zahlreichen Parkanlagen. Im Norden breitet sich das ausgedehnte Waldgebiet der Dresdner Heide aus. So ist Dresden in Europa mit 63 Prozent Wald- und Grünflächen in puncto Natur Spitze.

1 Großer Garten

Nur eine Viertelstunde braucht man zu Fuß von der Altstadt bis zu Dresdens größter Grünanlage mit dem Zoologischen Garten. Auf knapp 2 km² Fläche bietet der Große Garten viele Möglichkeiten zur Freizeitgestaltung, von sportlichen Aktivitäten über Konzert- und Theateraufführungen, Cafés und Biergärten bis zum Sonnenbad auf den großen Rasenflächen. Johann Gottfried Karcher hatte für August den Starken das innere Rechteck als barocken **Lustgarten** angelegt; im 19. Jh. wurde der Park zum Landschaftsgarten im englischen Stil umgestaltet, u. a. von Peter Joseph Lenné. Das **Palais** (1678–1683) entstand nach dem Vorbild französischer Schlösser ohne Heizung und Küche als Festbau für sommerliche Vergnügungen. Heute zeigt die Ausstellung Permoser im Palais hier 50 barocke Garten- und Friedhofsskulpturen (www.grosser-garten-dresden.de). Jeden 2. Di. im Monat lädt um 14.30 und 19.30 Uhr die Konzertreihe Offenes Palais ein. Seit 1950 rollt die Parkeisenbahn mit zwei Dampf- und zwei Elektroloks durch den Großen Garten. Bis 1990 hieß sie Pioniereisenbahn, weil sie von Kindern aus der kommunistischen Jugendorganisation betrieben wurde; bis heute sind nur die Lokführer Erwachsene. Die 5,6 km lange Eisenbahnstrecke führt vorbei an Zoo, Carolasee und Palaisteich (April bis Sept. Di.–So. 10.00–18.00 Uhr). Drei Bühnen werden sommers bespielt: Das Parktheater bietet Freilichtaufführungen am Palaisteich, das Sonnenhäusl ist ein Puppentheater und auf der Konzertbühne der Jungen Garde erklingt Rock- und Pop-Musik.
Der **Dresdner Zoo** ist mit seinen modernen, naturnahen Freigehegen ein Anziehungspunkt für Groß- und Klein. Besonders sehenswert sind das Afrikahaus mit Affen und Elefanten, die Löwenanlage mit Savannenlandschaft, das Tropenhaus und die Katta-Anlage. Es soll aber auch schon Kinder gegeben haben, die von dem herrlichen Spielplatz höchstens noch in den Streichelzoo gelockt werden konnten (Tiergartenstraße 1, www.zoo-dresden.de; April–Sept. tgl. 8.30–18.30, sonst tgl. bis 16.30 bzw. 17.30 Uhr, Führungen Tel. 0351 4 78 06 18).
Riesige Seerosen gehören zu den 10 000 Pflanzenarten, die der **Botanische Garten** aus diversen Klimazonen und Regionen zeigt. In drei Gewächshäusern gedeihen tropische und subtropische Pflanzen (Stübelallee 2; April–Sept. 8.00–18.00 Uhr, im Winter eingeschränkt).
Die **Bürgerwiese** zwischen Rathaus und Großem Garten ist Dresdens älteste Grünfläche. 1458 erstmals erwähnt, wurde die etwa 10 ha große Anlage 1763 zum englischen Landschaftsgarten umgestaltet. Zahlreiche schöne Plastiken sowie der Nymphen- und der Mozartbrunnen schmücken den Park.

Gesellige Stimmung beim Elbhangfest im Pillnitzer Schlosspark, typische Bebauung aus dem frühen 20. Jh. in der Gartenstadt Hellerau

2 Gartenstadt Hellerau

Eine bürgerliche Reformbewegung aus Künstlern und Individualisten wollte zu Beginn des 20. Jhs. ein neues Lebensmodell erproben. Kultur und Bildung sollten die Grundlage für ein friedfertiges, erfülltes Gemeinschaftsleben sein, in dem naturnahes Wohnen und Arbeiten zentrale Bedeutung hatte. Der Möbelfabrikant Karl Schmidt fand in Hellerau den Ort, an dem er 1909 in Nachbarschaft zu seinen Deutschen Werkstätten eine Siedlung nach dem Muster der englischen Gartenstadtbewegung initiierte. Die Werkstätten produzierten funktionale Möbel für die Siedlungshäuser der Arbeiter. Nach der Umwandlung in den VEB Möbelkombinat Hellerau (1970) wurden sie 1992 wieder privatisiert und stellen heute hochwertige Inneneinrichtungen her (Moritzburger Weg 67/68, www.dwh.de). Das avantgardistische Kulturleben spielte sich seinerzeit in dem 1912 von Heinrich Tessenow erbauten Festspielhaus ab. Der Genfer Tanzpädagoge Emile Jacques Dalcroze begründete dort mit seiner Bildungsanstalt für rhythmische Gymnastik den modernen Ausdruckstanz. Diese Tradition führt heute die Dresden-Frankfurt-Company im **Europäischen Zentrum der Künste** fort (Karl-Liebknecht-Str.58, Tel. 0351 2 64 62 44, Karten an der Abendkasse; www.hellerau.org). Die Gartenstadt ist gewachsen; neue Siedlungen sind auch dem Gedenken des ökologischen Bauens verpflichtet (Gruppenführungen organisiert Clemens Galonska, Tel. 0171 3 84 69 06, www.dresden-hellerau.de).

❸ Elbschlösser

Folgt man den Neustädter Elbufer ostwärts gelangt man schon bald zum Zankapfel aus jüngster Zeit: der **Waldschlösschenbrücke,** deren Bau 2009 zur Aberkennung des UNESCO-Welterbetitels führte. Dem Wein, der an den nahen Elbhängen früher wuchs, machte schon im 19. Jh. die Reblaus den Garaus. Inzwischen gedeiht er wieder, doch wurden die Hänge auch mit Villen bebaut. Und die drei Elbschlösser sind durch Parks miteinander verbunden.
Eine nicht standesgemäße Ehe war Anlass für Prinz Albrecht von Preußen, sich weitab von Berlin in Dresden niederzulassen. Ein Schüler Schinkels, Adolf Lohse, entwarf **Schloss Albrechtsberg** (1854), eines von wenigen spätklassizistischen Bauwerken in Dresden. Von der Ostterrasse schweift der Blick weit über das Elbtal. Der Gartensaal mit der Südterrasse ist bei Hochzeitsgesellschaften beliebt. Über Sandsteintreppen gelangt man zum Römischen Bad mit halbkreisförmiger Wandelhalle (Bautzner Straße 130, Tel. 0351 8 11 58 21, www.schloss-albrechtsberg.de; Kammerkonzerte und andere Veranstaltungen).
Für den Kammerherrn des Preußen-Prinzen baute Adolf Lohse nebenan die Villa Stockhausen. Nachdem 1906 Karl-August Lingner (1861 bis 1916), Erfinder des Odol-Mundwassers, das Anwesen erworben hatte, bürgerte sich der Name **Lingner-Schloss** ein. Der Stifter des Hygiene-Museums ist unterhalb des Schlosses in einem Mausoleum beigesetzt. Lingner hatte testamentarisch verfügt, dass im Schloss eine Gaststätte mit „bürgerlichen Preisen" betrieben werden solle; deshalb dient die große Terrasse als Biergarten mit Restaurant. Ansonsten wird das sanierungsbedürftige Gebäude für Konzerte und Lesungen genutzt (www.lingnerschloss.de; Führungen Mi. 15.00 Uhr).
Schloss Eckberg im neugotischen Tudorstil (1859–1861) stammt von Semperschüler Christian Friedrich Arnold. Als Luxushotel bietet es eine feine Gourmetküche. Den Park mit Rosengarten dürfen alle genießen (Bautzner Straße 134, Tel. 0351 8 09 90, www.schloss-eckberg.de).

Bergpalais im Schlosspark Pillnitz (oben links), Fachwerk in Loschwitz (oben rechts), Zankapfel Waldschlösschenbrücke (unten)

Tipp

Romantische Elbfahrt

Schöner als mit einem historischen Dampfschiff kann man das Elbtal bei Dresden nicht erkunden. Die Weiße Flotte ist die größte und älteste Raddampferflotte der Welt. Neun historische Schiffe, teils noch aus dem 19. Jh., und zwei moderne Salonschiffe machen sich in der Saison tgl. vom Ufer unterhalb der Brühlschen Terrasse elbauf- und -abwärts auf den Weg. In zwei Stunden erreicht man Pillnitz oder Meißen, ein Trip in die Sächsische Schweiz dauert etwa fünf Stunden. Zeit genug für eine Dresdner Eierschecke und Kaffee.

Sächsische Dampfschiffahrt
Tel.0351 86 60 90
www.saechsische-dampfschiffahrt.de

❹ Weißer Hirsch

Ab 1688 gruppierten sich Häuser um die Gutswirtschaft Weißer Hirsch an der heutigen Bautzner Landstraße (B 6). Im 19. Jh. zog das Sanatorium des Naturarztes Dr. Heinrich Lahmann Kurgäste aus ganz Europa an. Kurort ist das Villenviertel seit dem Zweiten Weltkrieg nicht mehr; die Sanatoriumsanlagen am Kurpark werden derzeit für Wohnzwecke saniert. Und in die etwa 200 denkmalgeschützten Villen kehrte neuer Glanz ein. Im Kurpark erklingt in der Konzertmuschel wieder Musik, der Biergarten ist zum Sommertreffpunkt geworden. Seit Uwe Tellkamp in seinem Roman *Der Turm* das bürgerliche Leben hier in der untergehenden DDR beschrieben hat, suchen Literaturbeflissene die geschilderten Orte der Handlung, kehren im Luisenhof mit der herrlichen Aussichtsterrasse über der Elbe ein (Bergbahnstraße 8, Tel. 0351 2 14 99 60, www.luisenhof.org) ein und fahren mit der 1885 eröffneten Standseilbahn den Elbhang hinunter nach Loschwitz. Wer will, kann sich von einem Stadtteilführer leiten lassen (igeltour, Tel. 0351 804 45 57, www.igeltour-dresden.de).
Durch den Kurpark gelangt man in die **Dresdner Heide,** ein 50 km² großes Waldgebiet mit zahlreichen Wasserläufen und Wanderwegen. Im Norden befindet sich im alten Waldbad ein Kletterwald (Nesselgrundweg 80, Tel. 0351 795 87 09, www.kletterwald-dresdnerheide.de; April–Nov.).

❺ Loschwitz

Das ehem. Wein- und Fischerdorf am Elbhang ist ein Viertel mit Lebensart. Am letzten Juni-Wochenende nimmt hier das Elbhangfest seinen Anfang, das sich mit Ständen und Kulturveranstaltungen bis nach Pillnitz erstreckt.
Die 1893 fertiggestellte Loschwitzer Brücke, das **Blaue Wunder,** führt von Blasewitz auf der Altstädter Elbseite hinüber zum Elbhang. Vom Körnerplatz mit seiner Bebauung aus der Gründerzeit führt der Körnerweg Richtung Innenstadt. Hier verkehrten im Elternhaus (Privatbesitz) des Dichters Theodor Körner (1791 bis 1813) Berühmtheiten wie Goethe, Tieck, Mozart und Kleist (Körnerweg 6). Die Schillerstraße führt zum Weißen Hirsch hinauf; hier erinnert das **Schillerhäuschen** an den Aufenthalt des Dichters, der in den 1780er-Jahren mehrere Sommer am Loschwitzer Elbhang verbrachte (Schillerstraße 19, www.museen-dresden.de; Sa. und So. 10.00–17.00 Uhr). Mit der ältesten **Schwebebahn** der Welt (1898 bis 1900) gelangt man in zweieinhalb Minuten auf die Loschwitzhöhe (tgl. 10.00–18.00 Uhr). Von George Bähr und Christian Fehre stammt die barocke **Loschwitzer Kirche** (1705–1708), deren großartiger Renaissance-Altar (Maria Giovanni Nosseni) urspr. in der Sophienkirche am Postplatz stand. Vom Körnerplatz führt die Grundstraße hinauf zu einem bunten Fachwerkhaus, das einst Mühle, später Maleratelier war; das dortige **Leonhardi-Museum** zeigt neben den Landschaftsbildern des Ludwig-

»Hätte man die Brücke, so wie sie ist, von der Form als Stollen konzipiert, wir Dresdner hätten sie zum Fressen gern.«

Kabarettist Uwe Steimle zum Bau der Waldschlösschenbrücke

Richter-Schülers Eduard Leonhardi (1828 bis 1905) auch zeitgenössische Kunst (Grundstraße 26, Di.–Fr. 14.00–18.00, Sa. und So. 10.00 bis 18.00 Uhr, www.leonhardi-museum. de). Ein Viertel mit dörflichem Flair säumt die Friedrich-Wieck-Straße, in deren Fachwerkhäusern Kunsthandwerker ihre Erzeugnisse anbieten. Im Haus Nr. 10 lebte Friedrich Wieck, Musikpädagoge und Schwiegervater Robert Schumanns, bis zu seinem Tod 1873. Zur Elbe hin führt die Straße an den „Körnergarten", ein beliebtes Restaurant mit Biergarten (Friedrich-Wieck-Straße 26, Tel. 0351 2 68 36 20, www.koernergarten.de) und Blick aufs Blaue Wunder.

6 Hosterwitz

Der Weg nach Pillnitz führt an der schlichten Schifferkirche **Maria am Wasser** vorbei. Ihren Namen hat die spätgotische Hallenkirche von den Schiffern und Treidlern, die an der Elbefurt ihre Fracht umluden und dabei zum Gebet innehielten. Nach Hosterwitz zog sich der Hofkapellmeister Carl Maria von Weber im Sommer zurück. Im **Carl-Maria-von-Weber-Museum** erinnern Ausstellung, Konzerte und Vorträge an das Wirken des Komponisten (Dresdner Straße 44, Mi.–So. 13.00–18.00 Uhr, www.museen-dresden.de).

7 Pillnitz

Es gibt auch einen Weinberg mit der hübschen Weinbergkirche in Pillnitz, Hauptattraktion ist aber fraglos **Schloss Pillnitz** TOPZIEL an der Elbe. 1706–1718 durfte sich Anna Constanze Gräfin von Cosel, Mätresse Augusts des Starken, daran erfreuen. In den folgenden 100 Jahren reifte die Anlage zu ihrem heutigen Aussehen. Matthäus Daniel Pöppelmann schuf Berg- und Wasserpalais entsprechend der Chinoiserie-Mode (1720–1730). Bis 1918 blieb Schloss Pillnitz die Haupt-Sommerresidenz der Wettiner. 1778–1791 wurde der Schlosspark mit dem barocken Lustgarten zum englischen Landschaftspark umgestaltet, das Palais mit Flügelbauten erweitert. Im 28 ha großen Schlosspark wachsen exotische Bäume wie Persische Eichen oder Mammutbäume – und die berühmte japanische Kamelie, die seit 1770 blüht und gedeiht (tgl. 6.00 Uhr bis Einbruch der Dunkelheit; Parkführungen Mai–Okt. tgl. 11.00, 12.00, 13.00 und 14.00 Uhr, sonst an Wochenenden, www.schlosspillnitz.de).
Im Neuen Palais (1818) mit seinem spätklassizistischen Kuppelsaal, der freskengeschmückten katholischen Hofkapelle und dem Küchentrakt erzählt das **Schlossmuseum** die Geschichte von Schloss Pillnitz (Mai–Okt. Di.–So. 10.00–18.00 Uhr, Rundgänge s. Parkführungen). Im Wasserpalais zeigt das **Kunstgewerbemuseum** u. a. Glaskunst, Möbel, Porzellan und Kunstschmiedearbeiten des 17. und 18. Jhs. Im Bergpalais sind neben traditionellem Kunstgewerbe auch Möbel (Hellerauer Werkstätten) und Design des 20. Jhs. zu sehen (Mai–Okt. Di. bis So. 10.00–18.00 Uhr).

Genießen Erleben Erfahren

DuMont Aktiv

Von Brücke zu Brücke

Die Waldschlösschenbrücke ist von der Innenstadt aus gut mit öffentlichen Verkehrsmitteln zu erreichen. Von hier aus bietet sich nicht nur ein herrlicher Blick auf die Altstadt. Die fünf Kilometer auf dem Körnerweg bis zur Loschwitzer Brücke, dem Blauen Wunder, lassen einiges entdecken. Von der Straßenbahnhaltestelle Waldschlösschen geht es an der Elbe entlang, zunächst vorbei an Dresdens erstem Trinkwasserwerk Saloppe (1875). Wutki Chalupka (Schnapsbude) war die Bezeichnung für einen Kosakenfeldposten während der Befreiungskriege. Und während das historische Wasserwerk zur Luxusimmobilie verwandelt wird, bietet nebenan tatsächlich ein Biergarten Gaumenfreuden.

Die Weinberge unterhalb der Elbschlösser sind nicht nur eine Augenweide. Im Sommer öffnet Winzer Müller hier an Wochenenden seine Straußwirtschaft und bietet Wein und Flammkuchenvariationen; das herrliche Elbpanorama ist gratis. Noch mehr Aussicht bis zum Erzgebirge kann man in Biergarten und Restaurant auf den Lingnerterrassen am Schloss des „Odol"-Erfinders genießen.

Das historische Wasserbaupflaster des Körnerwegs erfordert festes Schuhwerk, bremst aber auch allzu forsche Radfahrer. Am ehemaligen Sommerhaus des Dichters Christian Gottfried Körner vorbei, das auch dessen Freund Friedrich Schiller oft beherbergte, führt der Weg schließlich zum belebten Körnerplatz. Über die Loschwitzer Brücke gelangt man zum Schillerplatz und kann mit öffentlichen Verkehrsmitteln in die Innenstadt fahren.

Weitere Informationen

Straßenbahn: Die Linie 11 Richtung Bühlau hält an der Waldschlösschenbrücke. Auf der anderen Elbseite fährt die Linie 12 vom Schillerplatz zum Postplatz.
Einkehrmöglichkeiten: Lingnerterrassen am Lingnerschloss (Bautzner Straße 132, www.lingnerterrassen.de), Sommerwirtschaft im Weinberg Schloss Albrechtsberg (Bautzner Straße 130, www.winzer-lutz-mueller.de), Sommerwirtschaft Saloppe (Brockhausstraße 1, www.saloppe.de).

Den besten Blick auf das Blaue Wunder hat man aus der Ferne.

Barock und Rock

Hier gediegenes Nostalgieflair im Barockviertel mit Boutiquen der gehobenen Preisklasse, dort munteres Nachtleben und Graffiti an den Jugendstilfassaden. Beide Teile der Neustadt haben trotz ihres unterschiedlichen Erscheinungsbilds jedoch auch Gemeinsamkeiten: Man kann vorzüglich einkaufen, speisen, sich amüsieren und Kultur erleben.

Mehrere Hinterhöfe zwischen Alaun- und Görlitzer Straße bilden heute die KunsthofPassage.

Goldener Reiter mit Blick gen Polen: 1736 wurde das Reiterdenkmal enthüllt, das August den Starken im Gewand römischer Cäsaren zeigt.

Aus dem Garten des Japanischen Palais' schweift der Blick hinüber zur Altstadt mit Kathedrale und Residenzschloss.

Seit 1936 steht der *Bogenschütze* nahe der Albertbrücke am Neustädter Elbufer.

Pfunds Molkerei ist nicht nur „der schönste Milchladen der Welt", sondern bietet auf seiner Theke eine Vielzahl anerkannter Köstlichkeiten.

Sie wollen nicht so recht zueinander passen. Und so sind sie auch getrennt durch die breite Verkehrsachse rund um den Albertplatz. Hier war Erich Kästner zu Hause, allerdings nicht in der feinen Inneren, sondern in der lebhaften Äußeren Neustadt. Die seltsame Trennung ist entwicklungsbedingt: Der ältere Teil lag noch innerhalb der Dresdener Befestigungsanlagen. Nach einem verheerenden Stadtbrand ließ August der Starke den Ortsteil als „Neue Königsstadt" erbauen. Die Äußere Neustadt entstand ab 1745 eben vor den Toren.

Kerzengerade, mit entschlossenem Blick und ganz in Gold sitzt der stattliche Mann auf seinem wilden Ross. August der Starke schaut als *Goldener Reiter* auf dem Neustädter Markt geradeaus und sieht – Plattenbauten. Nicht gar so hohe zwar und mittlerweile sind sie auch ver schönert, doch immerhin ein Relikt aus der Nachkriegszeit, in der Wohnraum knapp war und kein Gedanke daran verschwendet wurde, „feudalistische Architektur" im sozialistischen Staat wieder aufleben zu lassen. Dennoch hat die Hauptstraße ein ganz eigenes Flair, ist als Fußgängerzone mit hohen Bäumen und bunten Blumenrabatten in der Mitte ein beliebter Ort für Feste, Märkte und einen Einkaufsbummel.

Viele Besucher lassen die Neustadt links liegen – und verpassen einiges.

Der Kriegszerstörung konnten Rähnitzgasse, Obergraben und die Königstraße entkommen. In den 1990er-Jahren wiederaufgebaut, sind inzwischen in die Barockhäuser gediegene Geschäfte, Hotels, Galerien und Kunsthandlungen eingezogen. „Italiener" und „Spanier" um die Ecke dürfen da nicht fehlen, schon wegen der vielen Rechtsanwälte und Notare die sich hier niedergelassen haben. Mit Kultur beginnt und endet die Meile dann auch: Während an

Kunstmuseum Körnigreich im Dresdner Barockviertel. In seinem einstigen Atelier erfährt Hans Körnig eine späte Würdigung.

In der Neustädter Markthalle werden seit 1899 Köstlichkeiten aus aller Welt angeboten.

Am Albertplatz erinnert ein Denkmal an Erich Kästner, der hier seine Jugend verbrachte.

Das Erich-Kästner-Museum ist Dresdens bekanntem Sohn gewidmet. Durch seine Kinderbücher populär geworden, hat Kästner auch als Drehbuchautor, als Journalist und Kabarettist gearbeitet.

Special

Hans Körnig

Museum für einen Verfemten

Nur wenigen Interessierten war der Dresdner Maler Hans Körnig (1905 bis 1989) bekannt. Von den Nazis verfemt und in der DDR ignoriert, fielen seine von Otto Dix inspirierten Werke fast dem Vergessen anheim.
Hans Körnig war eng verbunden mit der Dresdner Neustadt. Anfang der 1930er-Jahre zum Kunststudium in die Elbstadt gekommen, schuf er in seinem Atelier im Wallgässchen großformatige expressionistische Gemälde und ausdrucksstarke Aquatinta-Radierungen. Die Menschen der Neustadt, das bunte Faschingstreiben und der Zirkus waren seine Motive – und immer wieder Dresden. Doch die Geschichte meinte es nicht gut mit Hans Körnig. Aus eher stillem Protest gegen die von den Nazis verfügte Entlassung Otto Dix' verließ er 1933 die Kunstakademie und erlebte auf mehreren Reisen Italien und Frankreich. Ein Farbenrausch kennzeichnet seine Werke aus dieser Zeit. Auch Körnig konnte dem Kriegsdienst nicht entgehen, an der Ostfront verlor er ein Bein.

Zurück in Dresden, erregte sein ironisches Bildnis *Straße der Befreiung* 1958 die Gemüter der DDR-Oberen. Dass er es ausgerechnet in Westberlin ausstellte, zog seinen Ausschluss aus dem Verband Bildender Künstler der DDR nach sich. Während einer illegalen Urlaubsreise nach Holland und Belgien wurde Körnig vom Bau der Berliner Mauer überrascht; er durfte und konnte nicht in die DDR zurückkehren, seine Werke wurden beschlagnahmt und verschwanden in Depots. Er fand eine Bleibe im niederbayerischen Niederwinkling, wo er jedoch nie heimisch wurde. 1989 nahm sich Hans Körnig das Leben. Seine beschlagnahmten Werke wurden 1990 der Familie zurückgegeben. Ein Sammler erwarb sie und später auch das Haus im Neustädter Barockviertel, in dem Körnig unterm Dach sein Atelier hatte.

der Elbe das Japanische Palais das Völkerkundemuseum beheimatet, in dem das berühmteste Dresden-Panorama, der „Canaletto-Blick", Dresdens Pracht porträtiert, wartet am Albertplatz das Erich-Kästner-Museum.

Kästners Viertel

Erich Kästner war ein Kind der Neustadt. Auf der Königsbrücker Straße wuchs er auf, zog dreimal mit seiner Mutter um – immer ein Stück näher an den Albertplatz heran und immer eine Etage tiefer: „Wir zogen tiefer weil es mit uns bergauf ging", schreibt er in seiner Biografie *Als ich ein kleiner Junge war*, „näherten uns den Häusern mit den Vorgärten, ohne sie zu erreichen." Sein Onkel Franz aber hatte im Pferdehandel viel Geld verdient und konnte sich eine zweistöckige Villa mit großem Garten in der Antonstraße 1 leisten – dort ist heute das Erich- Kästner-Museum untergebracht.

Schnapsidee und Volksfest

Zwischen Königsbrücker und Bautzner Straße liegt ein freakiges Viertel, über das ältere Dresdner gern noch die Nase rümpfen. Schon zu DDR-Zeiten hatten sich hier Hausbesetzer, Punks und andere Aufmüpfige festgesetzt – Subkultur im Sozialismus. Angeödet von der Spießigkeit der regierenden Hütchenträger

Die KunsthofPassage entstand aus der Frage: Was soll aus dem Hinterhof eines denkmalgeschützten Hauses werden? Der Hof der Elemente, eine der Antworten, spielt mit Wasser und Licht (oben links und rechts, unten links). Schon außerhalb der Neustadt liegt das Brauhaus am Waldschlösschen mit seinem Biergarten.

ließen sie ihrer Kreativität und ihrem Lebensgefühl so gut es ging freien Lauf. Basisdemokratisch und links-alternativ orientiert, waren sie von der raschen Wiedervereinigung unter marktwirtschaftlichen Bedingungen enttäuscht. Ihre Antwort entstand aus einer Schnapsidee: die „Bunte Republik Neustadt“ mit eigener Regierung, eigener Währung und auf die sehr kurze Dauer von drei Tagen beschränkt. Ein Straßenfest der ganz eigenen Art, das regelmäßig zu Krawallen und Ausschreitungen mit der Polizei führte. Doch das ist längst Geschichte. Inzwischen ist die BRN ein fröhliches, multikulturelles Stadtteilfest, das von

Jedes Jahr im Juni wird die „Bunte Republik Neustadt“ ausgerufen.

den Gesetzeshütern zwar immer noch im Auge behalten wird, aber durchaus auch kommerzielle Seiten entwickelt hat.

In jeder Weise Alternative

Anders sein geht auch ohne Dreck und Krawall, meinen die vielen Lehrer, jungen Familien und Kreativen, die mittlerweile in der Neustadt leben. Wer ausgefallenen Schmuck, Kunsthandwerk, Kleidung oder Möbel liebt, findet hier eine Fülle von Fachgeschäften mit preiswerten Angeboten. Allein die Kunsthofpassagen mit ihren fantasievoll gestalteten Innenhöfen lohnen schon den Besuch der Neustadt. Buchhandlungen, die sich vom Einerlei des Bestsellersortiments absetzen, Handarbeitsgeschäfte und Spieleläden sind eine echte Alternative zum Angebot der Innenstadt. Und wenn dann die Sonne untergegangen ist, entwickelt das Szeneviertel einen besonderen Charme. Dann dröhnt Musik jeglicher Art und Lautstärke in den Clubs, wird Salsa getanzt, beim Poetry-Slam zeitgenössische Dichtkunst präsentiert oder ein Feuerwerk frivoler Gesangsdarbietungen auf der Bühne des Travestietheaters abgebrannt.

Die spannendsten Clubs & Bars

Nachtschwärmer aufgepasst!

In Dresdens hipper Neustadt erwacht das Leben erst nach Sonnenuntergang so richtig. Ein Zug durch schummrige Kneipen oder witzige und coole Locations ist hier die leichteste Übung. Ruhiger lässt sich der Tag in einer der zahlreichen, gediegenen Hotelbars in der romantisch beleuchteten Altstadt beschließen.

1

1 Karl May Bar

Eichengetäfelte Wände, rote Lederbänke, schummrige Beleuchtung, dazu ein Drink des preisgekrönten Barkeepers – so lässt sich der Tag im Taschenbergpalais stilvoll beschließen. Whisky-Kenner finden unter fast 100 Sorten bestimmt den Richtigen. Die Zierde der ausführlichen Cocktailkarte sind ausgezeichnete Eigenkreationen. Am Freitag und Samstag gibt es dazu auch Live-Musik. Happy-Hour 18.00–20.00 Uhr.

Karl May Bar, Taschenberg 3
01067 Dresden
Tel. 0351 4 91 27 20
www.kempinski.com/en/dresden/hotel-taschenbergpalais/dining/karl-may-bar

2 Twist-Sky-Bar

Wer einen Platz an den Tischen entlang der großen Fensterfront ergattern konnte, darf sich glücklich schätzen. Der Ausblick auf die erleuchtete Frauenkirche ist faszinierend – im 6. Stock des Innside by Melia-Hotels ist man ihrer Kuppel ganz nah. Hinter dem langen weißen Tresen mischt Bartender René Förster gerne frische Kräuter und Gewürze in seine Drinks. Samstags gibt es Live-Musik auf die Ohren.

Twist-Sky-Bar
Salzgasse 4, 01067 Dresden
Tel. 0351 79 51 50
www.melia.com/de/hotels/deutschland/dresden/innside-dresden/restaurants.html

3 Pinta

Gemütlich und verwinkelt ist die älteste Cocktailbar des Szeneviertels in der Dresdner Neustadt. „Wir mixen Euch jeden Drink", verkündet die Crew – und das dürfte bei 500 verschiedenen Cocktails im Angebot kein leeres Versprechen sein. Seefahrernostalgie schwingt nicht nur im Namen mit: Rum ist eindeutiger Favorit in der Spirituosenliste – allerdings finden sich auf dieser auch 30 Sorten Absinth wieder.

Pinta, Louisenstraße 49
01099 Dresden
Tel. 0351 8 10 67 61
www.pinta-cocktails.de

4 TíR Na NÓG

Uriger, keltischer Pub mitten in der Dresdner Neustadt, in dem alles sehr rustikal ist: Theke, Fußboden, Balken, Barhocker. 95 Whiskysorten sind im Angebot, aber auch Freunde irischer Biere kommen auf ihre Kosten. Freitags und samstags gibt es ab 21.30 Uhr Live-Musik. Sonntags findet die Session immer unplugged statt.

TíR Na NÓG, Bischofsweg 34, 01099 Dresden
Tel. 0351 81 05 41 38
www.tirnanog-pub.de

5 Gin House

Pur auf Eis oder raffiniert gemixt – am Dresdner Neumarkt kommt feinster Wacholderschnaps ins Glas. 100 Gin-Sorten birgt der dunkle Barschrank, darunter auch Hauskreationen mit Thymian-, Ingwer- oder Kardamom-Note. In roten Samtsesseln versinken, eine Zigarre genießen und auf goldene Tapeten mit üppigem Dekor blicken – das alles ist einfach zu schön, um nur auf einen Absacker vorbeizukommen. Die Barkarte bietet viele Möglichkeiten, auch mit anderen geistigen Genüssen glücklich zu werden.

Dresden Gin House 1820
An der Frauenkirche 13
(Eingang Rampische Str.)
01067 Dresden
Tel. 0351 41 72 70
www.dresden-ginhouse.de

6 NewtownBar

Ziegelsteinwände, viel Holz, schummriges Licht und braune Lederstühle schaffen einen guten Ort, um gemütlich abzuhängen. Hinter dem Tresen türmt sich ein Riesenangebot an Spirituosen aller Art, die pur oder zu klassischen Cocktails gemixt serviert werden. Am Wochenende flimmern die Bundesligaspiele über die großen Bildschirme. Und wer sich aus den Sofas erheben will, findet im Spielsalon Dartscheiben und Billardtische.

NewtownBar
Helgolandstraße 9 b
(Ecke Fritz-Reuter-Str.)
01097 Dresden
Tel. 0351 79 69 11 22
www.newtownbar.de

7 Blue Note

Das gibt es nicht so oft in Dresden: ein Jazz-Club, der fast täglich Live-Musik bietet, ohne Eintritt zu verlangen. Ein Obulus in den Musikerkrug ist da eine Selbstverständlichkeit. Sitzplätze sind meist schwer zu ergattern, dafür dauert die Nacht hier wirklich bis zum frühen Morgen. Da kann es schon passieren, dass man nicht nur einen Single-Malt-Whisky aus der großen Auswahl probiert.

Blue Note, Görlitzer Str. 2b
01099 Dresden
Tel. 0351 8 01 42 75
www.jazzdepartment.com

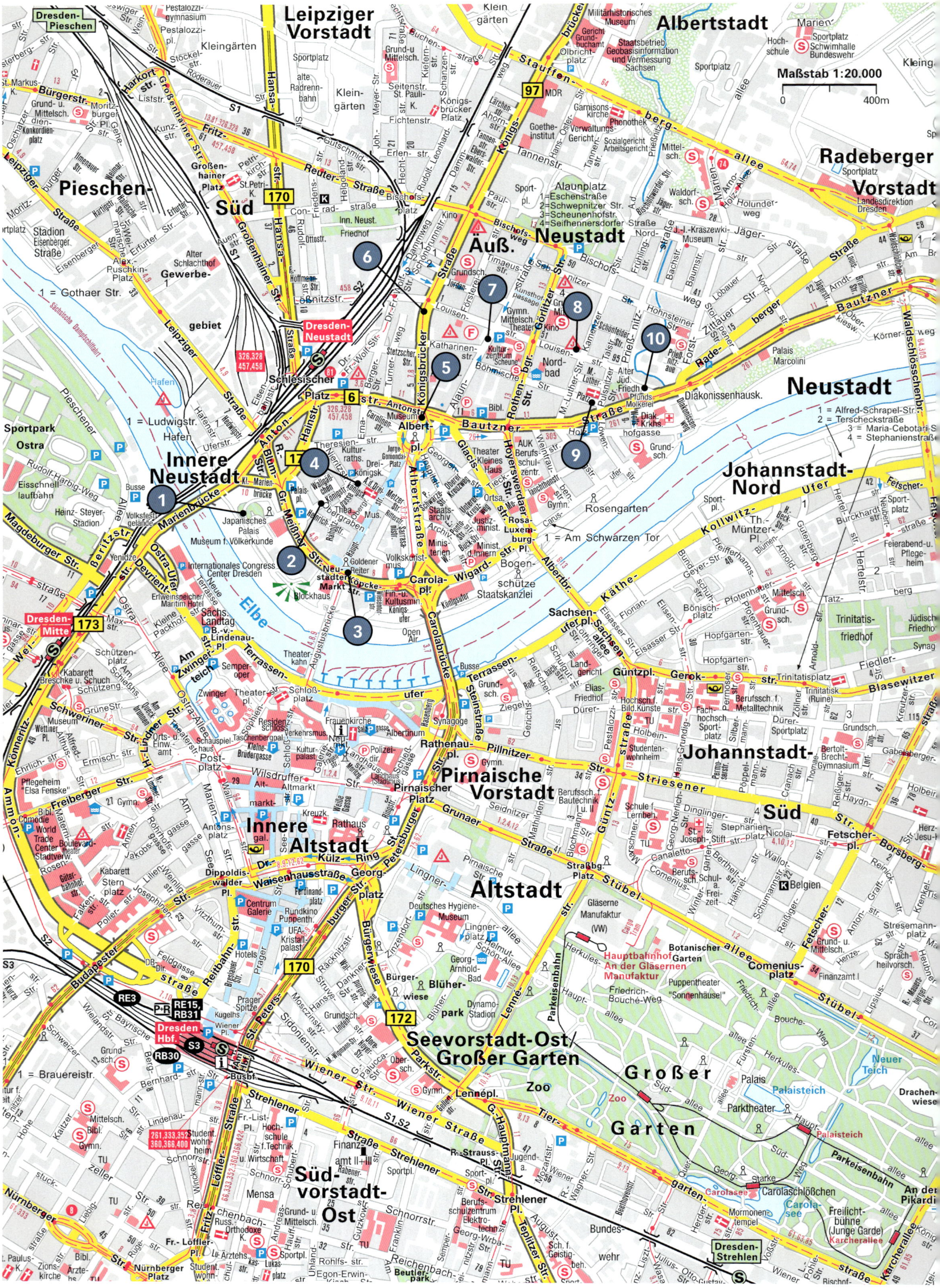

Dresden-Pieschen
Leipziger Vorstadt
Albertstadt
Maßstab 1:20.000
0
400m
Radeberger Vorstadt
Pieschen-Süd
Äuß. Neustadt
Alaunplatz
1 = Eschenstraße
2 = Schwepnitzer Str.
3 = Scheunenhofstr.
4 = Seifhennersdorfer Straße
Dresden-Neustadt
Innere Neustadt
Neustadt
1 = Alfred-Schrapel-Str.
2 = Terscheckstraße
3 = Maria-Cebotari-Str.
4 = Stephanienstraße
Johannstadt-Nord
1 = Gothaer Str.
1 = Ludwigstr.
1 = Am Schwarzen Tor
Elbe
Japanisches Palais
Museum f. Völkerkunde
Internationales Congress Center Dresden
Dresden-Mitte
Sächs. Landtag
Semperoper
Zwinger
Residenzschloss
Frauenkirche
Albertinum
Rosengarten
Staatskanzlei
Trinitatisfriedhof
Johannstadt-Süd
Pirnaische Vorstadt
Innere Altstadt
Altstadt
Seevorstadt-Ost/ Großer Garten
Großer Garten
Hauptbahnhof
An der Gläsernen Manufaktur
Gläserne Manufaktur (VW)
Botanischer Garten
Zoo
Carolaschlößchen
Palaisteich
Dresden Hbf.
Dresden-Strehlen
Südvorstadt-Ost
1 = Brauereistr.
1
2
3
4
5
6
7
8
9
10

Bürgerliches Barock und bunte Szene

Doppelgesichtig präsentiert sich der rechtselbische Teil des alten Dresden. Hinter den nüchternen Nachkriegsbauten wurde das Barockviertel beiderseits der Königstraße denkmalgerecht saniert. Jenseits des Albertplatzes, in der Äußeren Neustadt, blieb die Gründerzeitbebauung dagegen sich selbst überlassen. In den heruntergekommenen Häusern, schon zu DDR-Zeiten besetzt, entwickelte sich eine bunte Szene.

Innere Neustadt

Bereits im 12. Jh. gab es rechts der Elbe eine Siedlung, ab dem 15. Jh. Altendresden genannt. Nach einem verheerenden Brand 1685 wurde hier die Neue Königsstadt nach dem Entwurf von Wolff Caspar von Klengel barock aufgebaut. Plattenbauten schlossen die Lücken entlang der Hauptstraße, die der Zweite Weltkrieg gerissen hatte.

NEUSTÄDTER MARKT

Am Ende der Augustusbrücke markiert das **Blockhaus** den Beginn der historischen Inneren Neustadt; 1732–1755 als Neustädter Wache nach Plänen von Zacharias Longuelune erbaut, war es im späten 19. Jh. Kriegsministerium und wurde 1975–1982 in barocker Form wiederaufgebaut. Der ③ **Goldene Reiter,** das Denkmal für den sächsischen Kurfürsten Friedrich August I., wurde nach Entwürfen des Hofbildhauers Jean Joseph Vinache 1732–1734 aus Kupferblech gefertigt und feuervergoldet; bei späteren Restaurierungen wurde Blattgold verwendet.

Tipp

Lesebühne Sax Royal

Eine Bühne für die literarische Subkultur bietet das Kulturzentrum Scheune. An jedem 2. Do. im Monat beglücken fünf junge Stamm-Autoren die Zuhörer mit ihren Gedanken über den Alltag, mit Lyrik oder Liedern. Gäste, zumeist aus der Berliner Szene, und jeder, der sich berufen fühlt, stellt sich an jedem ersten Fr. im Monat beim „livelyriX Poetry Slam" dem Votum des Publikums.

⑦ Dresdner Lesebühne Sax Royal, Kulturzentrum Scheune, Alaunstraße 36, www.saxroyal.de

Open-Air-Disco im Augustus Garten, barocke Häuserzeile in der Königstraße, Kräutergarten hinter den Kunsthandwerkerpassagen

Das mächtige Neustädter Rathaus wie auch die übrige originale Bausubstanz am Neustädter Markt ist dem Krieg zum Opfer gefallen; an ihrer Stelle stehen DDR-Plattenbauten.

HAUPTSTRASSE

Vom Neustädter Markt führt die ③ **Hauptstraße** als Fußgängerzone mit Platanenallee nach Norden. An der Westseite existieren noch einige Barockhäuser wie das **Kügelgenhaus** (Hauptstraße 13) von 1750, in dem der von einem Raubmörder erschlagene Porträt- und Historienmaler Gerhard von Kügelgen (1772 bis 1820) mit seiner Familie gelebt hat und neben seinem Freund Caspar David Friedrich noch viele andere Künstler seiner Zeit bewirtete (heute **Museum der Romantik,** s. auch S. 57). In den Höfen der Barockhäuser zwischen Kügelgenhaus und Dreikönigskirche lohnt der Bummel durch die **Kunsthandwerkerpassagen** mit ihren hübschen Läden und Schauwerkstätten. Sie münden in einen Innenhof mit Barockgärtchen, Weinstube und dem **Societätstheater,** eine Oase der Ruhe, in der man seinen Kaffee im Freien genießen kann.
Die urspr. ④ **Dreikönigskirche** am Neustädter Markt stand den Neubauplänen Augusts des Starken für die Hauptstraße im Weg. 1731 abgerissen, wurde sie 1732–1739 nach Plänen von Matthäus Daniel Pöppelmann unter Leitung George Bährs neu errichtet; der 87,5 m hohe Turm stammt allerdings aus dem 19. Jh. Am kostbaren Barockaltar von Benjamin Thomae (1741) sind noch die Spuren der Kriegszerstörungen sichtbar. Bis auf die Umfassungsmauern abgebrannt, wurde erst 1977 ein Wiederaufbau beschlossen (1984–1991). Das Gotteshaus ist als „Haus der Kirche" auch Begegnungs- und Tagungsstätte und war bis 1993 Interimsquartier des Sächsischen Landtags. Der Kirche gegenüber steht die 86 m lange

Neustädter Markthalle, ein Gründerzeitbau (1899) mit dem beliebten Café Schwarzmarkt im Erdgeschoss. Im Inneren sind die umlaufenden Emporen mit schmiedeeisernen Gittern verziert, kunstvolle Eisentreppen führen in die oberen Etagen und das Kellergewölbe.
An ihrem nördlichen Ende mündet die Hauptstraße in den ❺ **Albertplatz,** der heute zehn Straßen bündelt. An ruhigere Zeiten erinnern die großen Brunnen Stille Wasser und Stürmische Wogen (Robert Diez, 1894) sowie das Schillerdenkmal von Selma Werner (1913). Auf der Mauer an der ehem. **Villa Anton** erinnert ein bronzener Jüngling an den Literaten Erich Kästner, der hier oft im Hause seines reichen Onkels zu Besuch war; heute ist es das **Erich-Kästner-Museum** (s. auch S. 57). An der Nordseite des Platzes steht das erste Hochhaus Dresdens; 1929 als Stahlbetonskelettbau errichtet, wurde es inzwischen mit Nachbargebäuden zu einem Büro- und Geschäftszentrum ausgebaut.

KÖNIGSTRASSE

Das ❷ **Barockviertel** TOPZIEL der Inneren Neustadt erstreckt sich über Königstraße, Obergraben und Rähnitzgasse. Hier bieten in den sanierten Barockhäusern Boutiquen internationaler Modelabels, Kunstgalerien, Antiquitätenhandel und sonstige Spezialgeschäfte Waren für den gehobenen Geschmack. Auch der etwas feinere Gaumen wird in vielen Cafés und Restaurants bedacht. Das barock anmutende Grandhotel Bülow-Palais an der Dreikönigskirche ist ein Neubau (2010). Im kleinen Wallgässchen ist das **Kunstmuseum Körnigreich** zu finden (Wallgässchen 2, Tel. 0351 4 56 83 23, www.hans-koernig.de; Do.–Mo. 11.00 bis 18.00 Uhr).

Graffiti in der Äußeren Neustadt, Japanisches Palais, Café an der Ecke Görlitzer/Louisenstraße

Über den **Palaisplatz** mit seinen klassizistischen Torhäusern (1727–1829) und dem Fontänenbrunnen gelangt man zum ❶ **Japanischen Palais** an der Elbe. 1717 ließ es August der Starke für seine Porzellansammlung umbauen und mit der asiatisch anmutenden Dachkonstruktion versehen. Augusts Traum vom Porzellanschloss ist bis auf Weiteres nur als in Stein gemeißeltes Relief über dem Portikus zu erleben, auf dem Europa und Asien der Göttin Saxonia Gefäße reichen. Vorerst bleibt das Japanische Palais Sitz des **Staatlichen Museums für Völkerkunde** (s. auch S. 57). Der Barockgarten mit dem Glockenspielpavillon an der Elbe gibt den Blick auf die Altstadtsilhouette frei, so wie ihn der Maler Bernardo Belotto „Canaletto" festgehalten hat.

● Äußere Neustadt

Außerhalb der Mauern von Altendresden entstand im 18. Jh. das Gründerzeitviertel, damals nach einem sächsischen König als Antonstadt bezeichnet. Sie ist der pulsierende Stadtteil, in dem einst Aussteiger und schrille Typen die Szene beherrschten. Inzwischen haben auch gutbürgerliche Kreise den preiswerten Wohnraum, die Kneipenvielfalt und das alternative Kulturangebot schätzen gelernt.

KÖNIGSBRÜCKER STRASSE

Vom Albertplatz aus führt die verkehrsreiche ❻ **Königsbrücker Straße** Richtung Flughafen. Seit Jahren streiten sich Verkehrsplaner über den Ausbau, weshalb sich hier Straßenbahn, Autos und Radfahrer unverändert ihre täglichen Gefechte liefern. In Nr. 66 kam 1899 Erich Kästner zur Welt; später schilderte er in seinen Erinnerungen *Als ich ein kleiner Junge war* das Leben im Viertel. Hier nimmt man am Morgen beim Bäcker sein Frühstück ein und lässt sich am Abend in die ausgeleierten Kinosessel der **Schauburg** fallen, um Filme zu genießen, die in den großen Multiplexkinos nicht gezeigt werden (Königsbrücker Straße 55, Ecke Bischofsweg, Tel. 0351 8 03 21 85, www.schauburg-dresden.de).
Über den Bischofsweg gelangt man zum **Alaunpark,** der im Sommer von jugendlichen Grillfreunden, im Winter von rodelnden Kindern belebt wird.

ALAUNSTRASSE

Im Herzen des Szeneviertels reihen sich Kneipen, Spezialbuchhandlungen, Boutiquen und Szeneläden. Das ❼ **Kulturzentrum Scheune** ist mit seinem Biergarten schon seit DDR-Zeiten die Hauptattraktion der Neustadt. Ob Jam-Session, Partys, jiddische Theatertage oder Poetry Slam auf der Lesebühne – hier ist immer etwas geboten (Alaunstraße 36, Tel. 0351 32 35 56 40, www.scheune.org). Ein paar Schritte weiter gibt es Disco, Punkrock und Tischkicker in **Katy's Garage,** an deren Wall of Fame sich Graffiti-Künstler legal verewigen dürfen; bei fortgeschritteneren Semestern sind die „Älternabende" mit Live-Musik beliebt (Alaunstraße 48, Tel. 0351 6 56 77 01, www.katysgarage.de).
Den Reiz der Hinterhöfe zwischen Alaun- und Görlitzer Straße hat sich die **Kunsthof-Passage** zunutze gemacht. Vor fantasievoll gestalteten Fassaden mundet der Kaffee und halten Geschäfte und Ladenateliers eine breite Angebotspalette von Goldschmiede- über Filzarbeiten bis zum ausgefallenen Briefpapier bereit; im Feng-Shui-Haus kann man auf einem Diwan in Ruhe seinen Tee genießen (www.kunsthof-dresden.de).

Tipp

Essen, Trinken, Feiern

Natürlich kann man in der Neustadt einfach nur essen gehen – Indisch, Mexikanisch, Französisch, Spanisch, Italienisch, Russisch oder in Dresdens erstes Döner-Haus zum Beispiel. Oder man lässt sich auf das eine oder andere Abenteuer ein. Das **Raskolnikoff** bietet Gerichte aus frischen Zutaten zu moderaten Preisen, dazu wechselnde Ausstellungen in der Galerie (Böhmische Straße 4, Tel. 0351 8 04 57 06, www.raskolnikoff.de). In der **Reisekneipe** sitzt man in der Nepal-Lodge, in einer afrikanischen Rundhütte oder einer orientalischen Teestube. Jeden Mittwoch ab 18.00 Uhr gibt es Reiseberichte aus aller Welt (Görlitzer Straße 15, Tel. 0351 2 67 19 30, www.reise-kneipe.de; tgl. ab 18.00 Uhr). **Curry & Co.** ist die Anlaufstelle für Freunde der Currywurst (Louisenstraße 62; www.curryundco.com). Zur Jordanischen Wasserpfeife werden in der **Magnolia Shisha Lounge** 30 Tabaksorten und wohlschmeckende Cocktails angeboten (Louisenstraße 79, tgl. ab 18.00 Uhr, www.magnolia-dresden.de).

LOUISENSTRASSE

Die „klitzekleine Frau Stammnitz" aus Erich Kästners Erinnerungen hatte in der 8 Louisenstraße 21 ihren **Blumenladen** – das Geschäft gibt es immer noch.
Das gemütliche **Nordbad** existiert seit 1894, heute auch mit Saunalandschaft (Louisenstraße 48, Tel. 0351 8 03 23 60, https://dresdner-baeder.de/hallenbaeder/nordbad-dresden; Bad Mo.–Fr. 14.00–21.00, Sa. und So. 10.00 bis 19.00 Uhr).

MARTIN-LUTHER-PLATZ

Protestantische Kirchen durften im 19. Jh. nur historisierend errichtet werden. So zeigt sich die 9 **Martin-Luther-Kirche** (1883–1887) neuromanisch mit einem neugotischen Turm. Von dort hat man einen herrlichen Blick über die Stadt bis hin zum Elbsandsteingebirge. Geistliche Musik wird hier besonders gepflegt. An der Pulsnitzer Straße liegt der **Alte Jüdische Friedhof.** Er wurde von 1751 bis 1869 genutzt (Besichtigung über Kulturverein Hatikva, Pulsnitzer Straße 10, Tel. 0351 8 02 04 89, www.hatikva.de).
Unweit dieser stillen Winkel herrscht abends im **Travestietheater Carte Blanche** (Prießnitzstraße 12, Tel. 0351 20 47 20, www.carte-blanche-dresden.de) ein schrilles Treiben.

BAUTZNER STRASSE

Der „schönste Milchladen der Welt" war schon im 19. Jh. eine Attraktion. Denn Paul Pfund (1849–1923) bot in seinem Laden hygienisch einwandfreie Milch an, die sorgfältig durch Tücher geseiht war. Später richtete er Labors ein und erfand die Kondensmilch. 10 **Pfunds Molkerei** ist innen mit handbemalten Jugendstilfliesen von Villeroy & Boch dekoriert. Das Restaurant in der ehem. Kontoretage bietet sächsische Spezialitäten (Bautzner Straße 79, Tel. 0351 8 10 59 48, www.pfunds.de; Mo.–Sa. 10.00–18.00 Uhr, So. 10.00–15.00 Uhr).
An großzügigen Villen vorbei, erreicht man über die Bautzner Straße das Waldschlösschenviertel mit der einst so umstrittenen Brücke und dem urigen **Brauhaus am Waldschlösschen** mit großem Biergarten. Zum Selbstgebrauten und zu zünftigen Speisen gibt es jeden Abend Live-Musik (Am Brauhaus 8b, Tel. 0351 6 52 39 00, www.waldschloesschen.de; tgl. 11.00–24.00 Uhr).
Nahe dem Waldschlösschenviertel ist „Die Stasi" alteingesessenen Dresdnern immer noch ein Begriff. Gemeint ist das lang gestreckte Gebäude der ehem. Bezirksverwaltung des DDR-Ministeriums für Staatssicherheit. Hinter den Mauern wurde im Jahr 1952 eine Untersuchungshaftanstalt eingerichtet, in der bis zum Ende der DDR 15 000 Ausreisewillige und Systemgegner gefangen gehalten wurden. Sie ist weitgehend im Originalzustand erhalten. In der **Gedenkstätte Bautzner Straße** können Zellentrakte und Vernehmungsräume besichtigt werden; Ausstellungen informieren u. a. über Einzelschicksale von Gefangenen und die Verhörmethoden der Stasi (Bautzner Straße 112a, tgl. 10.00–18.00 Uhr, www.bautzner-strasse-dresden.de).

Genießen Erleben Erfahren

DuMont Aktiv

Auf Erich Kästners Spuren

Erich Kästner war ein Kind der Dresdner Neustadt. Abseits vom viel gelobten Dresdner Barock wuchs er nahe den Kasernen der Garnison auf, in die sein Onkel Franz die Pferde lieferte. Bei einem Rundgang bekommt man einen Eindruck von Kästners Kindheit, wenngleich in die Viertel mittlerweile ein ganz anderes Leben eingezogen ist.

„Ich durfte die Schönheit einatmen, wie Försterkinder die Waldluft", schrieb Kästner (1899–1974) in seinen Erinnerungen *Als ich ein kleiner Junge war* über Dresden. Doch die Schönheit lag nicht vor seiner Haustür. Nicht in der Königsbrücker Straße 66, wo er geboren wurde und lediglich eine Gedenktafel an den Schriftsteller erinnert, und auch nicht in der Nr. 48, wo er seine Kindheit verlebte. Der Rundgang mit versierten Stadtführern führt mitten durch Dresdens Szeneviertel. Die Kneipe, in die Erich Kästner als kleiner Junge zum Bierholen geschickt wurde, ist heute ein Schnellimbiss, den Blumenladen Stamnitz in der Louisenstraße haben zwei junge Floristinnen übernommen. Aus der Kaserne an der Königsbrücker Straße kommen Radio- und Fernsehsendungen des Mitteldeutschen Rundfunks und das Viertel rund um die Hechtstraße hat zwar noch viel von seinem Kleine-Leute-Flair, zieht aber auch verstärkt Künstler an.

Weitere Informationen

Die Tour beginnt mehrfach im Jahr am Kino Schauburg, Königsbrücker Straße 55. Termine und Buchungen unter Tel. 0351 8 04 45 57 oder www.igeltour-dresden.de. Ein dazu passender Literaturtipp ist Matthias Stresows Buch *Auf den Spuren Erich Kästners in Dresden* (Hellerau-Verlag).

Blick ins Erich-Kästner-Museum in der ehemaligen Villa Anton

Unterwegs im Felsenmeer

Beim Aufstieg in den bizarren Felsformationen kann man schon aus der Puste kommen. Doch die Mühen werden mit grandiosen Panoramen belohnt. Caspar David Friedrich hat sie für alle Zeiten auf Leinwand gebannt, und viele sind ihm gefolgt. Zwischen den Tafelbergen und Felsnadeln bieten schattige Wälder Kühlung. Wer abschalten und zur Ruhe kommen will, der ist im Naturpark Sächsische Schweiz am rechten Ort.

Nur einen Steinwurf von Dresden entfernt verspricht der Nationalpark Sächsische Schweiz Ruhe und traumhafte Aussichten.

Auch der großräumige Barockgarten von Großsedlitz geht auf August den Starken zurück, der hier das Fest des Polnischen Weißen Adlerordens feiern wollte.

Am Pirnaer Marktplatz stehen das Rathaus und das eher schlichte Canalettohaus, dahinter ragt die Marienkirche auf.

Blick durch die Pirnaer Kirchgasse auf das Rathaus mit seinem Turm

Niedere Burgstraße – im Schatten der Marienkirche drängt sich Gastlichkeit in den Altstadtgassen.

Wenn die Sonne scheint und der Cappuccino in der Tasse duftet, fühlt man sich auf Pirnas Marktplatz wie in Italien.

Wer heutzutage nach dem „Meißner Hochland" fragt, wird nur Schulterzucken ernten. Tatsächlich hatte das Elbsandsteingebirge lange Zeit keinen anderen Namen. Erst die Schweizer Maler Adrian Zingg und Anton Graff hatten anno 1766 ihr Déjà-vu-Erlebnis und grüßten per Postkarte in die Heimat aus der „Sächsischen Schweiz". Ob sie wussten, dass die Alpen 70 Millionen Jahre jünger sind als der Sandstein an der Elbe?

Baustoff des Barock

Morgens früh, wenn Nebelschwaden den Blick auf die grünen Gründe verhängen, bekommt man eine Ahnung von den Zusammenhängen. Wie ein Meer umspielen die Wolken die Sandsteinformationen. Und tatsächlich gab es hier in der Kreidezeit nur Wasser. Als es sich zurückzog, härtete der Boden aus und die Kräfte der Natur modellierten mit Frost und Hitze, Wind und Regen die Landschaft.

Karg war das Land und viel zu zerklüftet, als dass Menschen dort von der Landwirtschaft hätten leben können. Doch kunstfertige Steinmetze und Baumeister wussten den Rohstoff aus der Sächsischen Schweiz zu nutzen. Nicht nur das alte Dresden und viele Portale an barocken Bürgerhäusern überall in Sachsen sind aus Sandstein. Auch für das Königsschloss in Kopenhagen, das Rathaus von Antwerpen und das Brandenburger Tor in Berlin kam das Baumaterial aus dem Elbsandsteingebirge. Und als die Künstler der Romantik in ihrer schwärmerischen Suche nach Naturerlebnissen den wilden Teil des Elbtals entdeckten, begannen auch Touristen sich dafür zu interessieren.

Wie in Italien

Wenn die Sonne scheint und der Cappuccino in der Tasse duftet, fühlt man sich auf Pirnas Marktplatz wie in Italien. Die fein herausgeputzten Bürgerhäuser mit Renaissancegiebeln und Barockportalen sehen noch immer so aus, wie Bernardo Belotto „Canaletto" sie in seiner berühmten Stadtansicht gemalt hat. Engeln und Teufeln begegnet man hier an Hauserkern, und mit der Furcht vor dem Leibhaftigen hat auch ein Sohn der Stadt kräftig Kasse gemacht: Der Dominikanermönch Johann Tetzel, im 16. Jahrhundert wortgewandter Ablassprediger – auch seinetwegen kam Martin Luther zu seinen Thesen – wurde in Pirnas Schmiedestraße geboren. Heute gibt man sich in der gemütlichen Stadt gern säkularen Vergnügungen hin. Mit Gauklern und Feuerspuckern beispielsweise bei der Pirnaer Hofnacht

Der Amselgrund, eine romantische Felsenschlucht in der Kernzone des Nationalparks, führt zum Amselsee kurz vor Rathen.

Seit seiner Indienststellung 1886 passiert der Salondampfer „Pillnitz" die Bastei.

Die Nationalparkinformation Blockhaus Brand am „Balkon der Sächsischen Schweiz"

Ergänzend zur wunderbaren Aussicht wird auf dem Brand auch für das leibliche Wohl gesorgt.

Nationalpark Sächsische Schweiz

Special

Geschütztes Idyll

Auf deutscher und tschechischer Seite stehen das Elbsandsteingebirge und die Böhmische Schweiz unter Naturschutz. So bekommt man neben eindrucksvollen Ausblicken auch tiefe Einblicke in die Vielfalt von Fauna und Flora in unberührt erscheinender Natur.

Auf 275 Quadratkilometern kommt die Natur im Elbsandsteingebirge zu ihrem Recht. Seit 1956 sind sie Landschaftsschutzgebiet und im rechtselbischen Kernbereich seit 1990 Nationalpark. Klettern ist auf 745 Felsen erlaubt, für Wanderer stehen rund 400 Kilometer Wege bereit. Die Kernzone gehört allerdings ganz der vielfältigen Tier- und Pflanzenwelt, hier werden nur die Wege und bekannten Ausblicke erhalten.

Für einen interessanten ersten, theoretischen Überblick dient das Nationalparkzentrum in Bad Schandau – aber natürlich ist es viel schöner, die Lurche und Erdkröten, Gemsen und Mufflons in natura zu erleben. Auf den Sandsteinfelsen haben Wanderfalke, Uhu und Kolkrabe ihre sicheren Nistplätze, während sich zahlreiche Arten von Spechten in den Kiefernwäldern wohlfühlen. Zu beinahe 60 Prozent besteht die Sächsische Schweiz aus Waldgebieten, in denen sich zahlreiche Pflanzen wie auch Kreuzotter und Ringelnatter wohlfühlen.

Aus den klimatischen Bedingungen der zerklüfteten Felsenlandschaft resultiert eine Umkehr der Vegetationsstufen: Pflanzen, die sonst in Bergwäldern zu finden sind, haben sich hier in den feucht-kühlen Tälern angesiedelt. Ein stilles Paradies, obwohl es alljährlich von mehr als zwei Millionen Menschen besucht wird. Den Nationalpark-Rangern ist es nur recht, wenn sich die Besucher von erfahrenen Führern leiten lassen – denn wer einmal tief in den Zauberwald eingetaucht ist, lässt dort bestimmt kein Papier mehr fallen.

im August, wenn in den Hinterhöfen bei Kerzenschein die Musik aufspielt.

Geheimnisvolle Kulisse

Am stilvollsten gelingt die Annäherung an die Sächsische Schweiz von Dresden aus mit einem der alten Raddampfer der Weißen Flotte. Das Ziel steht fest: der berühmte Basteifelsen mit der traumhaften Aussicht über das Elbtal. Dorthin gelangt man zum Beispiel ab Wehlen durch die Wehlener Gründe, vorbei am Steinernen Tisch, einem 1710 von August dem Starken für Jäger geschaffenen Rastplatz. Eine Haltestelle weiter schmiegt sich der Kurort Rathen an den Felsen. In einer guten halben Stunde ist der Aufstieg zur 200 Meter höher gelegenen Basteibrücke geschafft. Abenteuerlich wird der Abstieg über die Schwedenlöcher, einem Canyon, in dem sich während des Dreißigjährigen Krieges Bewohner der umliegenden Ortschaften mitsamt Hab und Gut vor den anrückenden schwedischen Truppen in Sicherheit gebracht haben. Treppen und Stiegen führen durch enge Schluchten weiter zum Amselsee.

Am Rathener Wehlgrund peitschen regelmäßig Schüsse durch die Nacht. Entweder folgt Pferdegetrappel oder jemand ruft „Samiel erschein!“ Carl Maria von Webers *Freischütz* und diverse

Vorbei am dicken Schösserturm gelangt man vom Zwinger in die beiden oberen Burghöfe: Für 49 Jahre war die Burg Stolpen erst unfreiwilliges, dann freiwilliges Domizil der Gräfin Cosel.

So wehrhaft sie sich auf der Georgenbatterie auch gibt – die Festung Königstein hat sich nie verteidigen müssen.

Seit etwa 800 Jahren wird Hohnstein von der Burg Hohnstein überragt. Die Kurfürsten nutzten sie zur Jagd und zum Lachsstechen.

Die Georgenburg der Festung Königstein wurde im 17. Jahrhundert zum Staatsgefängnis Sachsens.

Winnetou-Geschichten Karl Mays gehören zum Repertoire der Felsenbühne Rathen mit der eindrucksvollen Naturkulisse. Dass die legendäre Wolfsschlucht aus Webers Oper in der Sächsischen Schweiz liegt, daran zweifelt hier niemand, hat Weber sie doch in Hosterwitz komponiert und die Handlung im benachbarten Böhmen angesiedelt.

Uneinnehmbare Festung

Mit größeren Kalibern wartet hoch oben auf dem gleichnamigen Tafelberg die Festung Königstein auf. Uneinnehmbar blieb sie über Jahrhunderte, war Zuflucht für den sächsischen Königshof und während des Siebenjährigen Krieges Lager für Staatsschätze und die wertvollen Kunstsammlungen. Aber auch

Die „Fünf ohnegleichen" nennen sich die Burgen der Sächsischen Schweiz.

fröhliche Feste wurden hier gefeiert, bei denen reichlich Wein geflossen sein muss. Jedenfalls ließ August der Starke ein Weinfass mit einem Fassungsvermögen von einer Viertelmillion Liter im Keller lagern. Weniger angenehm war der Ort in seiner Eigenschaft als Staatsgefängnis. Neben vielen Ungenannten saßen hier der Alchemist Johann Friedrich Böttger, weil es ihm nicht gelingen wollte, für seinen Fürsten Gold zu schaffen, im 19. Jahrhundert der Anarchist Michail Bakunin und auch der Sozialdemokrat August Bebel. Heute hält man sich hier wieder mehr ans Feiern – der Weihnachtsmarkt in der Adventszeit ist besonders stimmungsvoll.

Felsen und Schluchten

Passionierte Wanderer und Kletterer bevorzugen die Hintere Sächsische Schweiz, die sich von Bad Schandau im Kirnitzschtal bis Sebnitz erstreckt. Weit ab vom Touristenstrom, der sich

Auf der Felsenbühne Rathen: *Romeo und Julia* in der Sächsischen Schweiz

Das winzige Wehlen ist ein guter Ausgangspunkt für Touren in die Felsenwelt.

Rhododendrenpracht im Kurort Rathen

Zwischen Elbe und Wald: Zaukenstraße in Bad Schandau

„Man mache sich darauf gefasst, eine ununterbrochene Reihe von Naturschönheiten und Seltenheiten zu sehn …"

Wilhelm Leberecht Götzinger, Theologe und Erschließer der Sächsischen Schweiz

meist der Bastei auf der anderen Elbseite zuwendet, können sie hier die Natur in vollen Zügen genießen. 90 Aufstiege für Kletterer bietet der 378 Meter hohe Falkenstein. Die stark zerklüfteten Schrammsteine ziehen sich über vier Kilometer. Fantasievolle Namen haben die Einheimischen den Felsformationen gegeben: Großvaterstuhl, Teufelsturm, Affensteine. Der „Kuhstall" ist ein elf Meter hohes, 17 Meter breites und 24 Meter tiefes Felsentor auf dem Neuen Wildenstein. Die Aussichtsterrasse bietet einen weiten Blick zu den Kletterfelsen der Hinteren Sächsischen Schweiz. Doch es geht noch höher: Über die schmale „Himmelsleiter" gelangt man durch einen Felsspalt hinauf zu den Überresten einer alten Burganlage.

Weniger schweißtreibend ist die Fahrt mit der Kirnitzschtalbahn. Seit immerhin 1898 verkehrt die Straßenbahn auf dieser Strecke durch das lauschig bewaldete Tal; ihr wohl bislang prominentester Fahrgast war die britische Schauspielerin Kate Winslet als Straßenbahnschaffnerin in der Oscar-prämierten Verfilmung des Romans *Der Vorleser*. In Hinterhermsdorf mit seinen alten Umgebindehäusern ist man schon kurz vor Tschechien. Herrlich kühl ist es im Sommer in der wildromantischen Kirnitzschklamm – mit dem Kahn kommt man Farnen, Moosen und Flechten ganz nah.

SÄCHSISCH-BÖHMISCHE SCHWEIZ

Grenzenlos unterwegs

Die Buchstaben sind (fast) identisch, nur ihre Kombination verrät die unterschiedlichen Landessprachen. Hier Elbe, dort Labe – auf und neben dem Fluss kommen sich Deutsche und Tschechen seit dem Wegfall der Grenzkontrollen näher. Die Verkehrswege werden ständig verbessert und der öffentliche Nahverkehr funktioniert recht unkompliziert.

Wenn in den Sudeten das Eis schmilzt, wird es den Bewohnern in der Sächsischen Schweiz und weiter unten an der Elbe in Dresden leicht mulmig zumute. Denn das von Mittelgebirgen umschlossene Böhmen wird einzig durch die Elbe zur Nordsee hin entwässert. Die Täler am Oberlauf in der Böhmisch-Sächsischen Schweiz bieten wenig Auffangflächen für größere Wassermengen. 24 Staustufen regulieren die Elbe auf tschechischem Gebiet und bieten so auch einen Schutz gegen das gefürchtete Hochwasser. Aber auch bei Trockenheit sind sie den deutschen Nachbarn durchaus von Nutzen. Wenn zur traditionellen Dampferparade am 1. Mai in Dresden Niedrigwasser herrscht, zeigt sich die Talsperrenverwaltung in Böhmen kulant. Dann werden die Schleusen geöffnet, damit die Weiße Flotte ablegen kann.

Prekär wird es für das nachbarschaftliche Verhältnis allerdings, wenn wirtschaftliche Interessen ins Spiel kommen. Tschechien möchte die Elbe ganzjährig schiffbar halten und plant deshalb bei Dečin eine weitere Staustufe mit einem Kraftwerk. Naturschützer protestieren vehement dagegen. Sie sorgen sich nicht nur um die Tier- und Pflanzenwelt, sondern rechnen auch mit einer Verschlechterung der Wasserqualität und einem sinkenden Grundwasserspiegel. Sachsens Regierung hatte schon frühzeitig gegen die Planungen protestiert – ob sie sich auf diplomatischem Wege durchsetzen kann, muss sich zeigen.

Das Prebischtor, die größte natürliche Felsbrücke aus Sandstein nicht nur im Elbsandsteingebirgen, sondern in ganz Europa, liegt auf böhmischer Seite.

Das Prebischtor aus der Froschperspektive betrachtet

Viele Wege zum Nachbarn

Konfliktfreier verläuft die Kooperation im Tourismus. Hier haben die tschechischen Behörden einiges unternommen, um Besucher über die offenen Grenzen zu locken. Wer auf dem Elberadweg unterwegs ist, kann noch 370 Kilometer auf tschechischem Gebiet bis zur Elbquelle im Riesengebirge radeln. Bequemer reist es sich mit Bus und Bahn. Das Elbe-Labe-Ticket des Verkehrsverbundes Oberelbe gilt auch für Nahverkehrszüge der tschechischen Bahnen und Regionalbusse in den grenznahen Orten. Zwischen Bad Schandau und Dečin verkehrt der Elbe-Labe-Sprinter, von Dresden aus startet der Wanderexpress Bohemica und auch für die Fähre zwischen Schöna und Hřensko gilt das Ticket – auf einen Sprung zum Frühstück nach Prag ist keine Zukunftsmusik mehr.

Natur als Einheit

Die Sächsische Schweiz ist seit 1956 Landschaftsschutzgebiet, ein 93 Quadratkilometer großes Gebiet seit 1990 Nationalpark. Beim tschechischen Nachbarn hat man gleiche Vorkehrungen zum Schutz der einmaligen Felsenlandschaft getroffen. Die gesamte Böhmische Schweiz steht seit 1972 unter Landschaftsschutz, ihr rechtselbischer Teil ist seit 2000 Nationalpark. Weil die Natur keine Grenzen kennt, wollen auch die Naturschutzorganisationen und Tourismusverbände zusammenarbeiten. Ihnen geht die Bezeichnung „Sächsisch-Böhmische Schweiz“ bereits wie selbstverständlich über die Lippen. Eine Wander- und Radwanderkarte für die Sächsisch-Böhmische Schweiz gibt es ebenso wie ein gemeinsames Informationssystem mit Internetauftritt und Informationstafeln in den Naturschutzgebieten. Mit vereinten Kräften will man sich so fit machen für ein großes Ziel: die Bewerbung der Sächsisch-Böhmischen Schweiz für die Welterbeliste der UNESCO.

Maßstab 1:180.000
0
2
4km
PULSNITZ
Ohorn
Lichtenberg
Wachau
Leppersdorf
Bretnig-
-Hauswalde
GROSS-
RÖHRSDORF
BISCHOFS-
WERDA
Rammenau
Burkau
Demitz-
-Thumitz
Göda
Hodžij
-Gaußig
-Huska
Obergurig
Hornja Hórka
RADEBERG
Großharthau
Schmölln-
-Putzkau
Neukirch/
Lausitz
WILTHEN
Arnsdorf
Fischbach
Ringenhain
STOLPEN
Burg
NEUSTADT
in Sachsen
Steinigt-
wolmsdorf
Wehrsdorf
-Dittersbach
Dürrröhrsdorf-
Lohmen
PIRNA
STADT
WEHLEN
HOHNSTEIN
SEBNITZ
Mikulášovice
Struppen
KÖNIGSTEIN
BAD
SCHANDAU
Gohrisch
Krippen
Reinhardts-
dorf-
-Schöna
Leupoldishain
BERG-
GIESSHÜBEL
BAD
GOTTLEUBA
Bahre-
tal
-Bielatal
Rosenthal-
Hřensko
Janov
Mezná
Růžová
Nationalpark
Sächsische
Schweiz
Národní
park
České
Švýcarsko
CHKO
Labské pískovce
Děčínský les
Děčínský Sněžník
Tiské stěny
DĚČÍN
Elbe
Labe
Elbsandsteingebirge
Česko
Kristinohradecký les
Bynovský les
1
2
3
4
5

Naturschauspiel aus Sandstein

Eine Landschaft wie gemalt, mit erhabenen Tafelbergen, bizarren Felsformationen, tiefen Schluchten und unberührt wirkenden Buchenwäldern, durch die sich das blaue Band der Elbe zieht – das ist die Sächsische Schweiz. Nationalpark, Landschaftsschutzgebiet und damit ein Paradies für alle, denen die Natur etwas bedeutet.

1 Pirna

Pirna (38 000 Einw.) besitzt einen gut erhaltenen mittelalterlichen Stadtkern mit Bürger- und Handelshäusern aus Renaissance und Barock. Die 1233 erstmals erwähnte Handelsstadt erlebte im 15. und 16. Jh. ihre Blüte, u. a. durch den Handel mit Sandstein.

SEHENSWERT

Die den **Marktplatz** säumenden Bürgerhäuser aus dieser Zeit schmücken sich mit spätgotischen Elementen (Kaufmannshaus, Markt 3), barocken Portalen (Markt 9) und Hauszeichen (Markt 19) und reich verzierten Sitznischenportalen (Apotheke zum Löwen, Markt 17). Das **Canaletto-Haus** (um 1520; Markt 7, Tourist-Information) sticht mit seinem hohen Giebel hervor; der venezianische Maler Canaletto hat es um 1752 festgehalten. Im Mittelpunkt des Platzes steht das **Rathaus,** das, 1396 erstmals erwähnt, mehrfach umgebaut wurde. Die nahe spätgotische **Hallenkirche St. Marien** (1502 bis 1546) ist ein Schmuckstück mit Netzgewölbe und Deckenmalerei nach der illustrierten Lutherbibel von 1534 (Mai–Okt. Mo.–Sa. 11.00 bis 17.00, So. 16.00–18.00, sonst Mo.–Sa. 11.00 bis 15.00, So. 15.00–17.00 Uhr). In der Schmiedestraße (Nr. 19) steht das Tetzelhaus, das Geburtshaus des Ablasspredigers Johannes Tetzel (1465–1519). Die gotische **St.-Heinrich-Kirche** (Urspr. um 1320), eine ehem. Dominikanerklosterkirche, zeigt noch mittelalterliche Fresken.

MUSEEN

Im Kapitelsaal des ehem. Dominikanerklosters befindet sich das **Stadtmuseum** (Klosterhof 2/3; Mai–Okt. Di.–So. 10.00–17.00 Uhr). Die humanistischen Prinzipien der **Heil- und Pflegeanstalt auf dem Sonnenstein** haben unter den Nationalsozialisten eine furchtbare Umkehr erfahren: Hier wurden 1940/1941 etwa 15 000 Menschen im Zuge der Euthanasie in Gaskammern umgebracht (Schlosspark 11, www.stsg.de; Mo.–Fr. 9.00–16.00, Sa. , So. 11.00 bis 17.00 Uhr). Den Alltag im Arbeiter-und-Bauern-Staat zeigt das **DDR-Museum** (Rottwerndorfer Straße 45 M, www.ddr-museum-pirna.de; Di.–So. 10.00–17.00 Uhr, im Winter auch Fr. geschlossen). Leben und Werk des Komponisten zeichnen die Richard-Wagner-Stätten in Graupa nach, u. a. mit interaktiver Ausstellung im Jagdschloss (Richard-Wagner-Str.6/ Tschaikowskiplatz 1, Di.–Fr. 11.00 bis 17.00, Sa., So. 10.00–17.00/18.00 Uhr, www.wagnerstaetten.de).

Canaletto-Haus und St. Marien in Pirna (oben); das Salettchen im Schloss Weesenstein (rechts)

UMGEBUNG

1719–1732 entstand wenige Kilometer westl. der **Barockgarten Großsedlitz** als meisterhaftes Beispiel französischer Gartenkunst. 16 ha groß mit Lindenallee, Heckenwänden, Blumenrabatten, Wasserspielen, Freitreppen und verspielten Sandsteinfiguren (April–Okt. tgl. 10.00–18.00 Uhr).
Im Tal der Müglitz erhebt sich auf einem Felssporn **Schloss Weesenstein** (Urspr. 16. Jh.), der Lieblingsort des Wettiner-Königs Johann (1801–1873). Unter dem lindgrün leuchtenden Schloss ist ein Barockgarten angelegt. Im Inneren sind u. a. im Stil des 19. Jhs. eingerichtete Räume, eine barocke Kapelle, Brauerei und eine viel gerühmte Schlossküche (Am Schlossberg 1, Tel. 035027 62 60, www.schloss-weesenstein.de; April–Okt. tgl. 10.00–18.00, Nov. bis März Di.–So. 10.00–16.00 Uhr) zu sehen.

INFORMATION

TouristService Pirna, Am Markt 7
01796 Pirna, Tel. 03501 55 64 46, www.pirna.de

2 Wehlen

Das mehr als 700 Jahre alte Städtchen (1600 Einw.) ist eines der kleinsten in Sachsen. Der autofreie Ort mit hübschem Marktplatz und Burgruine dient als Start für Wanderungen.

SEHENSWERT

Am **Heimatmuseum** hat der Dresdner Bildhauer Hans Thumm 1925 einen 4500 m² großen Garten mit alpinen Pflanzen angelegt (Lohmener Straße 18; Mai–Okt. tgl. 8.00–18.00 Uhr). Im Ortsteil Dorf Wehlen stimmt die **Kleine Sächsische Schweiz** mit Miniaturnachbildungen auf die bekanntesten Felsformationen ein (Schustergasse 8, www.kleine-saechsische-schweiz.de; April–Okt. 10.00–18.00 Uhr).

UMGEBUNG

Von Uttewalde aus führt ein Wanderweg (12 km) durch Felsentor und -höhlen zur **Bastei.** Mit dem Bastei-Kraxler schafft man es im Sommer ganz ohne Anstrengung (Mai–Okt. tgl. 9.30 bis 16.30 Uhr stündl. ab Marktplatz Wehlen).

Auf einer schönen Wanderstrecke erreicht man in ca. 2 Std. den 317 m hohen **Brand** am nördl. Ende des Elbsandsteingebirges, wegen seiner Aussicht „Balkon der Sächsischen Schweiz" genannt.

INFORMATION
Touristinformation, Markt 7
01829 Stadt Wehlen, Tel. 035024 7 04 14
www.stadt-wehlen.de

3 Rathen

Mit seinen Fachwerkhäusern ist der Ort (400 Einw.) das touristische Zentrum der Sächsischen Schweiz.

UMGEBUNG
Das **Basteigebiet** TOPZIEL ist wegen seiner Aussicht der am meisten besuchte Teil des Elbsandsteingebirges. Der Fußweg von Rathen führt zunächst zur mittelalterlichen Felsenburg Neurathen (1361 erwähnt), die 76 m lange Basteibrücke (1851) zum Aussichtspunkt Basteihorn. Vom Basteifelsen gelangt man über den Gansweg durch die Schluchten der Schwedenlöcher (Zufluchtsort im Dreißigjährigen Krieg) in den Amselgrund. Wo der kleine Grünbach über eine 10 m hohe Felsstufe (Amselfall) stürzt, gibt es seit 1830 eine Gaststätte; weiter talabwärts lädt der 1934 zum Amselsee aufgestaute Grünbach zu einer Kahnpartie ein (April–Okt.). Eingeschlossen von den schroffen Basteifelsen liegt im Wehlgrund, nördl. von Rathen, die 1936 angelegte Felsenbühne. Hier wurden die ersten Karl-May-Spiele inszeniert; heute führt das Ensemble der Landesbühnen in Radebeul dort Schauspiele, Musicals, Märchen und Opern auf (www.landesbuehnen-sachsen.de/felsenbuehne-rathen).
Die **Festung Königstein** auf dem 361 m hohen Sandsteintafelberg über der Stadt Königstein war 330 Jahre lang sächsisches Staatsgefängnis. 1241 wurde die Burg erstmals erwähnt, 300 Jahre später ließ Kurfürst Christian I. sie zu einer der stärksten Festungen der damaligen Zeit ausbauen. Sie wurde nie erobert, war aber auch nie umkämpft; vielmehr dienten die gut 40 Gebäude und Kasematten als Unterkünfte für Wachregimenter und ab 1591 als Staatsgefängnis. Sehenswert sind Schatzhaus, Kommandantur, Georgenburg (mit Böttger-Ausstellung), das Zeughaus und die sanierte Brunnenanlage (www.festung-koenigstein.de; April bis Okt. tgl. 9.00–18.00, Nov.–März bis 17.00 Uhr).
Gegenüber dem Königstein liegt der **Lilienstein** (415 m), ebenfalls ein Tafelberg aus Sandstein. Nach Süden hin führt das waldreiche **Bielatal** bis ins tschechische Ostrov. Mit 239 Gipfeln ist es das größte Klettergebiet der Sächsischen Schweiz.
Hoch über dem Polenztal erhebt sich **Hohnstein** – Heimat des „Hohnsteiner Kaspers", der heute noch hier geschnitzt wird (www.hohnsteiner-handspielpuppen.de). Die Burg (Urspr. um 1350) bietet preiswerte Unterkünfte für Familien (Markt 1, 01848 Hohnstein, Tel. 035975 8 12 02, www.burg-hohnstein.info). Das Burgmuseum dokumentiert die wechselvolle Geschichte (April–Okt. 10.00–17.00 Uhr).

INFORMATION
Gästeamt, Füllhölzelweg 1
01824 Kurort Rathen, Tel. 035024 7 04 22
www.kurort-rathen.de

Tipp

Goldener Käfig

Die im Mittelalter begründete Burg Stolpen wurde im 17. Jh. zur Festung ausgebaut. Als die Gräfin Cosel (1680 bis 1765) auch wegen ihrer politischen Ambitionen in Ungnade gefallen war, ließ August der Starke seine Mätresse in der Burg inhaftieren. 49 Jahre verbrachte sie in ihrem Gefängnis – die letzten davon freiwillig. Heute können u. a. Folterkammer und Hungerloch besichtigt werden. Ein Burggeist soll ebenfalls in den alten Gemäuern spuken.

Burg Stolpen, Schlossstraße 10
Tel. 035973 2 34 10, www.burg-stolpen.org; April–Okt. 9.00–18.00, Nov.–März Di.–So. 10.00–16.00 Uhr

Blick von der Festung Königstein auf Elbe und Lilienstein

4 Bad Schandau

Der älteste Urlaubsort der Sächsischen Schweiz (3600 Einw.) wurde 1730 nach der Entdeckung einer eisenhaltigen Quelle zum Kurort. Er ist das Tor zur Hinteren Sächsischen Schweiz mit ihrem ausgedehnten Wander- und Klettergebiet. Die 1874–1877 gebaute Bahnstrecke nach Sebnitz wird „Sächsische Semmeringbahn" genannt, weil sie auf der 15 km langen Strecke über 27 Brücken, zwei Viadukte und durch sieben Tunnel führt.

SEHENSWERT
Der **Marktplatz** ist von Renaissancehäusern umgeben. Die **Kirche St. Johannis** (1679) ist im Inneren mit einer hölzernen Kassettendecke geschmückt. Ihr zweistöckiger Sandsteinaltar stammt aus der Renaissance.
Entspannung bietet die Sauna- und Badelandschaft der **Toskana-Therme** (Rudolf-Sendig-Str. 8a, Tel. 035022 5 46 10, www.toskanaworld.net; So.–Do. 10.00–22.00, Fr. und Sa. 10.00–24.00 Uhr).
Richtung Schmilka führt ein frei stehender Personenaufzug (1904; im Sommer 9.00–20.00, sonst 9.00–17.00/18.00 Uhr) zum Villenort **Ostrau** mit seinem faszinierenden Panoramablick auf das Elbtal mit Falkenstein und Vorderen Schrammsteinen.

UMGEBUNG
Die **Kirnitzschtalbahn** (1898) fährt vom Stadtpark aus durch das malerische Tal. Nach knapp 8 km ist der künstlich angelegte, 5 m hohe Lichtenhainer Wasserfall erreicht. Eine halbe Stunde entfernt öffnet sich der „Kuhstall", ein 11 m hohes und 24 m tiefes Felsentor. Über die eisernen Stufen der „Himmelsleiter" gelangt man zum Aussichtspunkt auf dem Neuen Wildenstein (336 m). Bei **Hinterhermsdorf** mit seinen hübschen Umgebindehäusern bietet sich eine Kahnfahrt durch die Schluchten der Kirnitzschklamm auf der Oberen Schleuse an (www.hihedo.de; Ostern–Okt. tgl. 9.00–16.00, Sa. und So. 9.00–17.00 Uhr).
Zwischen Bad Schandau und Schmilka erstreckt sich die 4 km lange, zerklüftete Felsgruppe der **Schrammsteine.** Von hier aus führen Wanderwege am Carolafelsen (453 m) und dem Kleinen Winterberg (499 m) vorbei zum mächtigen Basaltkegel des Großen Winterbergs (556 m) direkt an der tschechischen Grenze mit seinem herrlichen Rotbuchenwald.

Die „Sächsische Semmeringbahn" führt auf ihrer 15 km langen Strecke über 27 Brücken, zwei Viadukte und durch sieben Tunnel.

SÄCHSISCHE SCHWEIZ
Aus einem Urzeitmeer entstanden, erstreckt sich das Elbsandsteingebirge über etwa 360 km² zwischen Dresden, dem Erzgebirge und Tschechien. Ablagerungen und Auswaschungen formten in Millionen von Jahren Felsenburgen und canyonartige Flusstäler. 275 km² der einmaligen Fels-Wald-Landschaft sind seit 1956 Landschaftsschutzgebiet; ein 93 km² großes Gebiet wurde 1990 zum Nationalpark erklärt. Hier gibt es rund 400 km Wanderwege, 745 genehmigte Kletterfelsen, 36 km markierte Fahrradrouten und zahlreiche Aussichtspunkte. Die Nationalpark-Ranger bieten geführte Wanderungen mit unterschiedlichen thematischen Schwerpunkten an.
Einen Überblick über Fauna, Flora und Geologie der Sächsischen Schweiz bietet das **Nationalparkzentrum** in Bad Schandau – mit Multivisionsshows und nachgebauter Felswand (Dresdner Straße 2, Tel. 035022 5 02 30, www.lanu.de; April–Okt. tgl. 9.00–18.00, sonst Di.–So. 9.00–17.00 Uhr). Weitere Infopunkte gibt es auf dem Großen Winterberg (Eishaus) und in der Amselfallbaude im Amselgrund zwischen Rathen und Rathewalde (beide Mai–Sept. tgl. 10.00–17.00, sonst tgl. 10.00–16.00 Uhr).

INFORMATION
Tourist-Information, Haus des Gastes
Markt 12, 01814 Bad Schandau
Tel. 035022 9 00 3 0, www.bad-schandau.de

5 Sebnitz

An der Grenze zwischen Sächsischer und Böhmischer Schweiz liegt die Kleinstadt (9800 Einw.) in hügeligen Wäldern. Bekannt ist sie für die Seidenblumen, die hier produziert werden.

SEHENSWERT
Der denkmalgeschützte **Markt** ist spätklassizistisch geprägt. Im Pavillon des **Kunstblumen- und Heimatmuseums** steht die 3,70 m hohe und größte Seidenrose der Welt (Hertigswalder Straße 12; Di.–So. 10.00–17.00 Uhr); in der Schauwerkstatt erfährt man, wie die Blumen aus Stoff und Draht hergestellt werden (Neustädter Weg 10, Di.–So. 10.00–17.00 Uhr, Mo. nur Verkauf). Alljährlich finden am 2. April-Wochenende die Blumentage mit Kunsthandwerkermarkt statt. In einem Umgebindehaus aus dem 18. Jh. zeigt das **Afrikahaus** rund 4000 Exponate von Masken bis Massai-Schmuck (Hertigswalder Straße 14, www.afrikahaus-sebnitz.de; Di.–So. 10.00–17.00 Uhr). Eine kleine Schau mit **Modellbahnanlage** bietet der führende Hersteller von TT-Modelleisenbahnen an seinem Firmensitz (Tillig-Modellbahnen, Lange Straße 58, Tel. 035971 9 03 27, www.tillig.com; Mo.–Fr. 10.00–17.00, Sa. 10.00–16.00 und So. 13.00–16.00 Uhr).

INFORMATION
Tourist-Information
Neustädter Weg 10, 01855 Sebnitz
Tel. 035971 7 09 60
www.sebnitz.de

Genießen Erleben Erfahren

DuMont Aktiv

Auf dem Malerweg

Viele Wanderwege führen durch die Sächsische Schweiz – doch keiner ist so spektakulär wie der Malerweg. Ihren Namen verdankt die älteste Wanderroute im Elbsandsteingebirge den Künstlern der deutschen Romantik, die hier ihre Motive gesucht haben.

Zeit braucht man und Kondition, um eine oder mehrere der acht Etappen zu bewältigen (Liebethal–Stadt Wehlen 12 km, 4 Std.; Stadt Wehlen–Hohnstein 13 km, 5 Std.; Hohnstein–Altendorf 12 km, 5 Std.; Altendorf–Neumannmühle 18 km, 7 Std.; Neumannmühle–Schmilka 14 km, 7 Std.; Schmilka–Kurort Gohrisch 17 km, 7 Std.; Kurort Gohrisch–Weißig 15 km, 6 Std.; Weißig–Pirna 12 km, 5 Std.). Der Malerweg führt mit recht steilen An- und Abstiegen durch unberührte Natur mit spektakulären Aussichten.

Oder man tut es den Malern des 18. und 19. Jhs. gleich und sucht sich mit Zeichenblock oder Staffelei einen schönen Platz, um die herrlichen Eindrücke auf Papier oder Leinwand festzuhalten. Mit etwas Glück trifft man beim Wandern auf dem Malerweg auf einen Künstler bei der Arbeit. Man kann natürlich auch einen der zahlreichen Kurse zur Landschaftsmalerei buchen bzw. Galerien oder Ateliers am Malerweg besuchen.

Weitere Informationen

Allgemeines und **Routenbeschreibungen** beim Tourismusverband Sächsische Schweiz, Bahnhofstraße 21, 01796 Pirna, Tel. 03501 47 01 47, www.malerweg.de.
Zum Einstimmen eignet sich das **Hörbuch** „Der Malerweg" mit Beschreibung der einzelnen Etappen und Sehenswürdigkeiten sowie Zitaten prominenter Wanderer. Zu beziehen über www.verlag-unterlauf.de. Eine **Ausstellung** mit Bildern u. a. von Ludwig Richter vom Malerweg ist im Schweizerhaus des Berghotels auf der Bastei zu sehen (tgl. 10.00 bis 18.00 Uhr).
Über **70 Gastgeber** mit dem Zertifikat „Wanderfreudlich am Malerweg" haben sich auf Malerwegswanderer eingestellt.

Die Sächsische Schweiz – für Landschaftsmaler ein Eldorado

Wanderer können der guten Ausschilderung des Malerwegs folgen.

Grün und Blau …

… sind die Farben des Elblandes. Zwischen blauem Himmel und dem blauen Band der Elbe leuchten grün die Berge und Hänge, an denen wunderbar Weinreben gedeihen. Zu Füßen des Meißner Burgbergs werden Kunstwerke aus Porzellan geschaffen. Sattes Grün empfängt den Besucher auch in den Wäldern von Moritzburg mit seinem Jagdschloss. Freiberg dagegen, bereits einen Schritt weit im Erzgebirge, steht seit jeher für Bergbautradition.

Die Radebeuler Weinberge sind als Wohnlage begehrt.
Hoch oben thront das Restaurant Spitzhaus.

Albrechtsburg und Dom bilden die Krone der Stadt Meißen.

Die exponierte Lage der Albrechtsburg garantiert
eine herrliche Aussicht auf das Elbtal.

Lange wurden alle Räumlichkeiten der Albrechtsburg durch die Porzellanmanufaktur genutzt. Seit 1881 sind sie Museum und nun mit Szenen der sächsischen Geschichte ausgemalt.

In der Porzellan-Manufaktur Meissen lässt sich das Entstehen der zerbrechlichen Kunstwerke beobachten.

Geografisch betrachtet, beginnt das Paradies für Genießer am 51. nördlichen Breitengrad. Wo ein Besen mit bunten Bändern, ein Kranz aus Weinlaub oder ein bunter Blumenstrauß Hauseingänge ziert, lässt sich's gut rasten – in den Besen- und Straußwirtschaften an der 55 Kilometer langen Sächsischen Weinstraße zwischen Pirna und Diesbar-Seußlitz westlich von Meißen.

Sachsens Nizza

Wenn die Sonne scheint, leuchten die barocken Kleinodien vor grünem Hintergrund. Und Schloss Wackerbarth und das Spitzhaus hoch oben auf den Hängen der Lößnitz bei Radebeul leuchten oft, wird das Elbtal doch von 1600 Stunden Sonnenschein im Jahr verwöhnt. Das hebt die Stimmung und füllt den Winzern die Weinfässer. Beides wussten die Wettiner für ausgelassene Feste zu nutzen; und auch heute wird im Sächsischen Staatsweingut Schloss Wackerbarth gerne gefeiert.

Mediterranes Klima und die grandiose Aussicht von den Weinbergen entfalteten schon im 19. Jahrhundert ihre Anziehungskraft auf Millionäre. Als die Reblaus großflächig die Weinstöcke vernichtete, bauten sich reiche Beamte und Fabrikanten stolze Villen in die günstig erworbenen Hänge. Heute sind es Unternehmer aus dem Westen der Republik, die sich für ihren Lebensabend eine Villa mit Park in Radebeul sanieren. Wo auch ein Auflagenmillionär seine letzten Lebensjahre verbrachte: Karl May, der sich in der Villa Shatterhand in den Orient träumte, bevor er ihn tatsächlich bereiste. Am Wochenende nach Christi Himmelfahrt, wenn es im Lößnitzgrund kracht und knallt und echte Indianer aus fernen Ländern anreisen, dann feiert Radebeul sein großes Karl-May-Fest. Eine späte Ehrung, war der Urheber fantastischer Abenteuerromane doch in der DDR nicht allzu hoch angesehen: Nachhaltig versuchte die SED-Führung den „Rassisten und Imperialisten" May aus dem kollektiven Gedächtnis zu tilgen.

Als Wackerbarths Ruh' war es ursprünglich Alterssitz eines Ministers Augusts des Starken. Seit 1952 ist Schloss Wackerbarth Weingut – zuerst als VEB Weinbau Radebeul, nach der Wende als Sächsisches Staats- und Erlebnisweingut (oben links und rechts, unten links). Auf einer Insel im Schlossteich erhebt sich das einstige Jagdschloss Moritzburg (unten rechts).

Moritzburg war ein Jagdschloss – wie noch heute unschwer am Parkschmuck zu erkennen ist.

Nur wenige Schlösser sind so gekonnt in Szene gesetzt wie Moritzburg.

Sachsens Kapital

Ein handfester Bruderzwist war Ursache dafür, dass Meißen nicht Hauptstadt wurde. Denn ursprünglich wollten die Brüder Ernst und Albrecht aus dem Hause Wettin vom Burgberg über der Stadt aus ganz Sachsen und Thüringen zu Glanz und Wohlstand führen. Doch dann zerstritten sie sich, teilten 1485 ihr Herrschaftsgebiet auf und die Burg verlor ihre Bedeutung. Dabei hatten die Wettiner sie gerade in ein ansehnliches Schloss mit herrlichen Sterngewölben verwandelt.

August dem Starken erschien das abgelegene Gemäuer als rechter, weil sicherer Ort für ein geheimes Unternehmen. Kein Staatsgast in der fernen Dresdner Residenz ahnte, dass hier, gleich neben Dom und Bischofsburg, „weißes Gold" zu zart-zerbrechlichen Preziosen geformt wurde. „Thu mir zurecht, Böttger, sonst lass ich Dich hängen", hatte der Herrscher Sachsens dem großmäuligen Apothekerlehrling in seinem Labor auf der Dresdner Jungfernbastei noch auf den Weg gegeben und ihn zu einem lebendigen Staatsgeheimnis gemacht. Reines Gold wollte sich zwar nicht einstellen, „weißes" wurde es 1708 nach mühevollem Laborieren immerhin. Über 150 Jahre lang war die Albrechtsburg Sitz der Meißner Porzellanmanufaktur, die bis heute Sachsens Glanz und Wohlstand mehrt.

„Großer Gott, wir loben Dich", klingt es zart vom Turm der Meißner Frauenkirche. Sechsmal am Tag preist das Glockenspiel aus Meißner Porzellan den Herrn. Und wer die Stufen auf den Kirchturm nicht scheut, wird mit einem grandiosen Panoramablick belohnt. Den hat man aber auch vom Burgberg aus. Der Aufstieg durch das mittelalterliche Gassengewirr der schönen Altstadt, die nach der Wende mit vielen Sanierungsmillionen herausgeputzt wurde, ist ein Erlebnis für sich.

Jagdschloss mit Leuchtturm

Eine Oase der Stille ist der ausgedehnte Friedewald bei Moritzburg. Das war nicht immer so, belebten doch kurfürstliche Jagdgesellschaften hier ihre Trophäen abzuschießen, die heute im Schloss Moritzburg zu bewundern sind. Ob August der Starke anschließend ermattet in sein Prunkbett mit den Vorhängen aus zwei Millionen farbigen Vogelfedern sank, ist nicht überliefert – gut möglich, dass das kuriose Objekt nur zum Angeben im Schloss stand. Nicht nur für August, auch für seine Erben durfte alles gerne eine Nummer größer und kostbarer sein. Das galt auch für das maritime Spielzeug Augusts III. Nicht nur Gondeln, nein,

An der Südseite des Freiberger Doms erinnert der Lutherbrunnen
an die Reformation in der Bergbaustadt.

Zur Freiberger Mineralienausstellung terra
mineralia gehört dieser mächtige Amethyst.

Unter einem Renaissancegewölbe erwarten den Besucher Kostbarkeiten
aus aller Welt: terra mineralia in Freibergs Schloss Freudenstein.

Markgraf Otto der Reiche – den Beinamen erhielt er Jahrhunderte nach seinem Tod – war der Stadtgründer Freibergs. Heute ziert eine Statue des Wettiners den Brunnen am Freiberger Obermarkt.

ganze Fregatten schwammen auf dem Moritzburger Schlossteich, um an den „Moritzburger Dardanellen" die 1770 viel bewunderte Seeschlacht von Çeşme gegen die Türken nachzustellen. Hinter dem niedlichen Leuchtturm am Schlosshafen liegt das Fasanenschlösschen, ein zauberhaftes Refugium, das auf wenigen Quadratmetern die ganze Pracht des sächsischen Hofes entfaltet.

In seinem üppig dimensionierten Speisesaal wurde nicht nur Wild aus umliegenden Wäldern serviert, sondern – bei bis zu 150 Fastentagen – auch deftiger Karpfen. Er war nicht nur zu kurfürstlichen Zeiten eine erfreuliche Geldquelle. Auch heute noch wird er in Massen aus den Moritzburger Himmelsteichen gefischt und ist sicherlich ein köstliches Mahl zum Abschluss einer Dresdenreise – natürlich klassisch mit polnischer Sauce, wie schon Goethe ihn am liebsten aß.

Spur der Steine

Vergangenheit und Zukunft liegen auch dicht beieinander, wenn man das Elbtal auf einen letzten Abstecher in südwestlicher Richtung verlässt. Sachsens älteste Bergstadt Freiberg ist heute ein Zentrum modernster Forschungs- und Produktionsstätten für die Halbleiterindustrie und regenerative Energien. Innerhalb der mittelalterlichen Stadtmauern strahlt die Stadt allerdings im Glanz ihrer Geschichte. Die Entdeckung üppiger Silbervorkommen im 12. Jahrhundert hatten hier nicht nur den Reichtum des Fürstenhauses Wettin begründet. Die stattlichen Giebel und Portale der Bürgerhäuser am Obermarkt setzen sich im Fackelschein der Bergparade im Advent besonders stimmungsvoll in Szene. Und auch die Schätze der Erde weiß man in Freiberg im rechten Licht zu präsentieren: Die Ausstellung terra mineralia im Renaissanceschloss Freudenstein ist mit ihrer außergewöhnlichen Präsentation von 3500 Mineralien aus fünf Kontinenten innerhalb kurzer Zeit zum Publikumsmagneten geworden.

WEINBAUGEBIET SACHSEN

Weinland heißt Kulturland

Das Weinbaugebiet Sachsen stellt sein Licht nicht unter den Scheffel. Auf Qualität ist man hier besonders stolz, manchem Experiment nicht abgeneigt – auch was das kulturelle „Beiwerk" betrifft.

Die Gläser des Sächsischen Staatsweingutes zeigen alle Farben hiesigen Weins.

Das Weinbaugebiet des sächsischen Elbtals ist mit 488 Hektar eines der kleinsten in Deutschland. Aber gerade in seinem Kernbereich um Meißen werden besonders gute Tropfen produziert. Das kontinentale Klima mit kalten Wintern, heißen Sommern mit rund 1600 Sonnenstunden im Jahr und ausreichend Regen kann mit anderen deutschen Weinanbaugebieten durchaus mithalten. An den Steilhängen gedeihen die Trauben prächtig und bilden ihren feinfruchtigen Geschmack aus, der für den Meißner Wein so charakteristisch ist.

Die Meißner Winzer produzieren zwar nur etwa 0,3 Prozent des jährlichen Weinmostes in Deutschland. Doch den machen sie gut und vermarkten ihn inzwischen auch geschickt. Die 1500 Mitglieder der Winzergenossenschaft Meißen sind zumeist Hobbywinzer. Als Rarität wollen sie ihr Produkt verstanden wissen, klein, fein – und nicht gerade preiswert.

Wein mit Tradition

Vor mehr als 800 Jahren ließen die Meißner Bischöfe an den Steilhängen des Elbtals Weinstöcke setzen. Der Messwein für das Kloster Seußlitz und den Dom war zunächst recht sauer, doch das ist lange vorbei. Meißner Wein ist durchgegoren und hat nur wenig Restzucker. Neue Anbautechniken und das zunehmende ökologische Bewusstsein der Winzer haben seine Qualität kontinuierlich gesteigert. Zahlreiche Medaillen der DLG-Prüfer sprechen für sich.

Insgesamt 59 Rebsorten gedeihen an den sächsischen Elbhängen zwischen Pillnitz und Diesbar-Seußlitz. Zu den herausragenden Lagen gehö-

In der Wackerbartⁿschen Sektkellerei sind Füttelregale und Handarbeit Alltag.

Sächsisches Staatsweingut Schloss Wackerbarth: Zu einem „Erlebnisweingut" gehört auch eine Weinprobe.

ren der Königliche Weinberg in Pillnitz, der Radebeuler Goldene Wagen und der Meißner Kapitelberg. Hier wachsen seit jeher Müller-Thurgau, Riesling, Traminer, Weißburgunder und Ruländer sowie die jüngst hinzu gekommenen Sorten Scheurebe und Kerner. Seit einigen Jahren werden vermehrt auch die roten Sorten Dorn-

Insgesamt 59 Rebsorten gedeihen an den sächsischen Elbhängen.

Hinter den barocken Kulissen der Weinberge von Schloss Wackerbarth verbergen sich gleichermaßen modernste Produktion und traditionelle Verarbeitung.

Fakten

Etwa 2500 Winzer bauen an den sächsischen Elbhängen auf rund 488 Hektar Fläche Wein an. Seit 1991 führt die Sächsische Weinstraße über 55 Kilometer durch die Anbaugebiete zwischen Pirna und Diesbar-Seußlitz. Hier kann man in zahlreichen Weinlokalen und Straußwirtschaften den Elbwein kosten, sich von den Winzern durch ihre Weinberge führen lassen und auch bei ihnen übernachten (www.weinbauverband-sachsen.de).

felder und Spätburgunder angebaut. Darüber hinaus haben die Meißner Winzer mit außergewöhnlichen Kreationen ihr Repertoire erweitert. Aus weißen und roten Trauben wird ein Rotling namens Schieler, der Regent ist ein Rotwein mit kräftigem, fruchtigem Geschmack, gekreuzt aus Silvaner/Müller-Thurgau und Chambourcin. Gehaltvoll kommt der Schwarzriesling in tiefdunklem Rot daher, hell und leicht der Grüne Veltliner vom Weingut Kämpfe in Winkwitz. Der sächsische Federweiße wird zumeist aus der frühreifen Solaris-Traube gekeltert. Und auch prickelnde Getränke für laue Sommernächte sind im Angebot. Hier muss man nicht auf italienischen Perlwein zurückgreifen – Saxecco lautet die sächsische Antwort, in Rosé und Weiß.

Wein und Kultur als festes Paar

Der erlesenste Wein aus dem Elbtal ist aber der Goldriesling, in nennenswertem Umfang nur noch hier angebaut. Leicht und fruchtig mit einer zarten Muskatnote zählt er zu den Stars des Staatsweinguts Schloss Wackerbarth und des Prädikatswinzers Georg Prinz zur Lippe, dessen ältestes und größtes Privatweingut Sachsens auch gern für Kammerkonzerte und Gartenschauen öffnet.

Überhaupt, zum Wein an den Elbhängen gehört immer auch die Kultur. Ob Kleinkunst im Radebeuler Weinkeller Anno 1845, Galerien, Ausstellungen oder kunstvolle Plastiken wie bei Winzer Klaus Zimmerling in Pillnitz – das Auge genießt im Weinberg mit. Auf dem gemütlichen Dorfanger von Altkötzschenbroda ist die Verbindung von Kunst- und Weingenuss zwar das ganze Jahr über vertreten, besonders aber zum Herbst- und Weinfest, wenn Gaukler und Puppenspieler die Festmeile beleben und Künstler auf der Streuobstwiese an der Elbe ihre Werke präsentieren. Das Elbhangfest im Juni bietet auf der ganzen Strecke zwischen Loschwitz und Pillnitz Konzerte, Ausstellungen und süffigen Wein. Und beim Weinfest in Meißen sollte man zum Festumzug einen Trinkbecher mitbringen – dann sind die Winzer besonders freigiebig.

Schloss Wackerbarth ist eine der renommierten Marken des kleinen, aber feinen Weinbaugebiets Sachsen.

GROSSENHAIN
RIESA
Nünchritz
Thiendorf
Schönfeld
Lampertswalde
Hirschstein
Priestewitz
Ebersbach
RADEBURG
LOMMATZSCH
Zehren
Diera-
Niederau
MEISSEN
Weinböhla
Moritzburg
Friedewald
COSWIG
Käbschütztal
RADEBEUL
DRESDEN
Klipphausen
NOSSEN
WILSDRUFF
Reinsberg
THARANDT
FREITAL
RABENAU
Banne-witz
Kreischa
GROSS-SCHIRMA
Halsbrücke
Tharandter Wald
Hartha
Dorfhain
Klingenberg
DIPPOLDIS-WALDE
Hilbersdorf
FREIBERG
Bobritzsch-
Weißen-
born
BRAND-ERBISDORF
Pretzschendorf
Sächsische Weinstraße
Fürstenstraße der Wettiner
Deutsche Alleenstraße
Silberstraße
Elbe
Maßstab 1:190.000

Goldener Wein und weißes Gold

Von Radebeul bis hinter Meißen säumen Weinberge die Elbe. Eine Gegend nicht nur für Genussmenschen. Von Meißen zog das „Weiße Gold" in die ganze Welt. Zentrum der Jagdgründe Augusts des Starken ist das beeindruckende Schloss Moritzburg. Und auch Freiberg, die traditionsreiche Bergbaustadt, ist einen Abstecher wert.

1 Meißen

Als „Wiege Sachsens" gilt die von König Heinrich I. 929 gegründete Burg. Neben ihr ragt auf einem Felsplateau der gotische Dom über der Stadt (28 500 Einw.) empor. Landesteilung, Verlust der Residenz und des Bistumsitzes ließen die politische Bedeutung schwinden, nicht aber die kulturelle und wirtschaftliche – Aushängeschild ist unverändert die Porzellanmanufaktur.

SEHENSWERT

Der **Dom St. Johannis und St. Donatus** TOPZIEL (13.–15. Jh., Türme bis 1909) auf dem Burgberg war einst Kathedrale des Bistums Meißen.: Kaiserin Adelheid und Kaiser Otto I. gehören zu den lebensgroßen Stifterfiguren aus der Naumburger Bildhauerwerkstatt (um 1260). Das reich verzierte Westportal ist in die Fürstenkapelle mit der Grablege der Wettiner einbezogen. Lucas Cranach d.Ä. schuf 1534 das Triptychon in der Georgskapelle (www.dom-zu-meissen.de; April tgl. 10.00–18.00 Uhr, Mai–Okt. tgl. 9.00–18.00, Nov.–März 10.00–16.00 Uhr). Die spätgotische **Albrechtsburg,** nach Albrecht dem Beherzten (1443–1500) benannt, wurde ab 1471 als Residenz der Wettiner umgebaut (Umbauten bis ins 19. Jh.). 1710 ließ Kurfürst August hier für 153 Jahre die Meißner Porzellanmanufaktur einrichten. Ab dem 19. Jh. wurde die Albrechtsburg als Museum genutzt. Der Große Wendelstein mit seinen 111 Treppenstufen gilt als technische Meisterleistung. Auf dem Weg zum Marktplatz liegt die Afranische Freiheit mit **Kirche und Kloster St. Afra** (1208 gegr., heute Landesschule und Elitegymnasium). Das Zentrum der Altstadt bildet der **Marktplatz.** Das spätgotische **Rathaus** (1470 bis 1486) ist umgeben von Bürgerhäusern aus Spätgotik und Renaissance. Die **Frauenkirche** (1450–1500) hat einen spätgotischen Schnitzaltar und Sandsteinepitaphe; im Turm erklingt das älteste Porzellanglockenspiel der Welt (1929) tgl. um 6.30, 8.30, 11.30, 14.30, 17.30 und 20.30 Uhr (Turm April–Okt. Mo.–Sa. 10.00–17.00, So. 12.00–17.00 Uhr). Im **Weinhaus Vincenz Richter** in einem Fachwerkhäuschen (1523) kann man von Meißner Porzellan speisen (An der Frauenkirche 12, Tel. 03521 45 36 85, www.vincenz-richter.de; Di.–So. ab 11.30 Uhr).

Wandbilder (1873–1885) zur Geschichte der Wettiner und Meißens schmücken die Albrechtsburg.

MUSEEN

Die weltbekannte **Staatliche Porzellan-Manufaktur Meissen** TOPZIEL im Südw. Meißens zeigt in ihrer Schauhalle etwa 3000 Exponate zu allen Stilepochen; wie die kunstvoller Porzellane entstehen, ist in der Schauwerkstatt zu erleben (Talstraße 9, Tel. 03521 46 82 08, www.meissen.com; Mai–Okt. stündl. Führungen 10.40–14.40 Uhr). In der kleinen **Nikolaikirche** im Stadtpark stehen die größten Porzellanfiguren der Welt (Mai–Sept. Fr.–So. 10.00–17.00 Uhr).
Die **Albrechtsburg** präsentiert sich museal als Wohnschloss der Wettiner und Geburtsstätte des Meißner Porzellans; außerdem finden hier Konzerte statt (Domplatz 1, www.albrechtsburg-meissen.de; März–Okt. 10.00–18.00 Uhr, sonst 10.00–17.00 Uhr). In der ehem. Franziskanerklosterkirche (um 1450) ist das **Stadtmuseum** beheimatet (Heinrichsplatz 3, Tel. 03521 45 88 57; Di.–So. 10.00–18.00 Uhr).

VERANSTALTUNGEN

Der **Töpfermarkt** Mitte Mai wird in der Altstadt zum Volksfest. Beim **Tag des offenen Weingutes** am letzten Aug.-Wochenende ist der Name Programm. Am letzten Sept.-Wochenende feiert Meißen sein großes **Weinfest.** In den Elbweindörfern wird am 1. Okt.-Wochenende mit der **Federweißermeile** dem jungen Wein gehuldigt.

UMGEBUNG

Im 1206 erstmals erwähnten **Diesbar-Seußlitz** endet die 55 km lange Sächsische Weinstraße (Beginn am Marktplatz in Pirna). Um Pfingsten sind die Weinwirtschaften entlang der Elbe meist proppenvoll – dann wird zum Rebensaft auch guter Spargel serviert (Informationen auf www.dresden-elbland.de).

INFORMATION

Tourist-Information, Markt 3
01662 Meißen, Tel. 03521 4 19 40
www.touristinfo-meissen.de

2 Moritzburg

In einer ausgedehnten Wald- und Teichlandschaft ließ Herzog Moritz von Sachsen Mitte des 16. Jhs. auf einer Granitkuppe ein Schloss bauen, das von August dem Starken zum Jagd- und Lustschloss erweitert wurde.

Silbermannorgel im Freiberger Dom (oben links), Karl-May-Museum (oben rechts), Fasanenschlösschen der Moritzburg (unten)

SEHENSWERT

Das vom Zwingerbaumeister Matthäus Daniel Pöppelmann 1723–1736 mit vier mächtigen Rundtürmen ausgebaute **Schloss** TOPZIEL steht auf einer Insel mitten im künstlich angelegten Schlossteich. Die Innenausstattung besteht aus barockem Mobiliar, bemalten Ledertapeten, einer Trophäensammlung, Schlosskapelle, Gemälden (18. Jh.), kostbarem Meißner Porzellan und dem außergewöhnlichen Federzimmer – Wandbehänge, Baldachin und Bettdecke des Paradebettes Augusts des Starken sind aus Millionen farbiger Vogelfedern hergestellt (www.schloss-moritzburg.de; April–Okt. tgl. 10.00–17.00, Sommer bis 18.00 Uhr).
Das **Fasanenschlösschen** im weitläufigen Schlosspark entstand bis 1782 in chinoisen Rokokoformen. Klein, aber fein ausgestattet sind die Aufenthaltsräume des Kurfürsten, der Speisesaal im Obergeschoss mit Blick auf das Schloss fällt hingegen recht üppig aus (April bis Okt. Mo.–Fr. 10.00–17.00 Uhr, Sa., So. 10.00 bis 18.00 Uhr). Südw. vom Schlossteich erinnert eine Ausstellung im **Käthe-Kollwitz-Haus** an die Grafikerin, die ihre letzten Lebensjahre hier verbrachte (Meißner Straße 7, Tel. 035207 8 28 18, www.kollwitz-moritzburg.de; April–Okt. Mo.–Fr. 11.00–17.00, Sa. und So. 10.00–17.00 Uhr, sonst Di.–Fr. 12.00–16.00, Sa., So. 11.00–16.00 Uhr).

VERANSTALTUNGEN

In Moritzburg werden seit 1828 Pferde gezüchtet. Im Sept. stellt das Sächsische Landgestüt seine Zuchterfolge bei **Hengstparaden** auf vergnügliche Art zur Schau (Infos und Karten sind bei der Touristinformation Moritzburg erhältlich, Adresse siehe unten). In den Moritzburger Teichen haben Karpfen eine begrenzte Lebenszeit; am letzten Okt.-Wochenende landen sie beim **Moritzburger Fischzug** auf den Verkaufsständen oder werden im Festzelt köstlich zubereitet.

INFORMATION

Moritzburg Tourismus, Schlossallee 3b
01468 Moritzburg, Tel. 035207 85 40
www.kulturlandschaft-moritzburg.de

3 Radebeul

Mit ihren historischen Dorfkernen, ausgedehnten Villenvierteln und den malerischen Weinhängen der Lößnitz bietet die Kreisstadt (34 000 Einw.) ein Flair, das nicht nur zahlungskräftiges Publikum, sondern auch Lebenskünstler anzieht. Sachsens meistgelesener Schriftsteller, Karl May (1842–1912), war hier ab 1885 zu Hause.

SEHENSWERT

Das **Sächsische Staatsweingut Schloss Wackerbarth** TOPZIEL (1728/1729) bietet vielfältige Möglichkeiten, Geschichte und Anbaumethoden des Weinbaus in Sachsen kennenzulernen und die edlen Tropfen zu kosten: etwa bei der sonntäglichen Führung durch Schloss und Garten (16.00 Uhr), den Wein- und Sektführungen (meist 12.00 und 14.00 bzw. 15.00 und 17.00 Uhr) oder bei der ausführlichen Weinbergswanderung Sa. und So. um 14.30 Uhr (Wackerbarthstraße 1, www.schloss-wackerbarth.de; Gutsverkauf tgl. 10.00 bis 18.00/19.00 Uhr). Am Weingut **Hoflößnitz** (s. Museen) führt eine bemerkenswerte barocke Treppenanlage mit 397 Stufen über 76 Höhenmeter den Lößnitzhang hinauf; Zwingerarchitekt Matthäus Daniel Pöppelmann entwarf die Spitzhaustreppe (1747–1750) für August den Starken. An ihrem Ende steht der Bismarckturm mit prächtigem Panorama über das Elbtal. Das benachbarte **Spitzhaus** – urspr. ein kleines Weinberghaus – wurde 1749 nach Plänen Pöppelmanns zum barocken Lustschlösschen umgestaltet. Heute kann man auf der Terrasse bei einem guten Wein den Ausblick oder im Restaurant mediterrane Köstlichkeiten genießen (Spitzhausweg 1, Mi.–Mo. 11.00–23.00, So. 11.00–22.00 Uhr, www.spitzhaus-radebeul.de). Im Tal erstreckt sich nahe dem Elbdamm der historische Ortskern des ehem. Fischerdorfs **Altkötzschenbroda.** Der gemütliche Dorfanger mit Hofanlagen aus dem 18. und 19. Jh. ist dank seiner urigen Weinkneipen, Kunstgalerien und hübschen Geschäften beliebtes Ausflugsziel.

MUSEEN

Erste Adresse für alle Karl-May-Fans ist sein als Karl-May-Museum eingerichtetes Wohnhaus; in der **Villa Shatterhand** sind Empfangssalon, Arbeitszimmer, Bibliothek und eine Ausstellung zu Leben und Werk des Schriftstellers zu sehen. Im Garten wurde 1926 ein Blockhaus errichtet, die **Villa Bärenfett,** die mehr als 800 Exponate zur Geschichte der Ureinwohner Nordamerikas präsentiert (Karl-May-Straße 5, Tel. 0351 8 37 30 10, www.karl-may-museum.de; März–Okt. Di.–So. 9.00 bis 18.00, sonst Di.–So. 10.00–17.00 Uhr).
An den Weinhängen der Lößnitz informiert das **Weingutmuseum Hoflößnitz** über die Geschichte des Weinbaus in der Region (Knohllweg 37, Tel. 0351 8 39 83 33, www.hofloessnitz.de; Di.–So. 11.00–17.00, öffentliche Führungen Sa., So. 11.00 Uhr). Das kleine, gemütliche Restaurant im Weingut serviert die heimischen Tropfen zu sächsischen oder mediterranen Gerichten auf einer schönen Weinterrasse (Di. bis Sa. 11.00–22.00, So. 11.00–20.00 Uhr).

VERANSTALTUNGEN

Alljährlich im Mai präsentieren sich echte und passionierte Indianer beim **Karl-May-Fest,** Cowboys reiten Rodeos und überfallen mit einer veritablen Schießerei den Lößnitzdackel (s. Tipp unten). Ende Sept. wird drei Tage und Nächte lang in Radebeul das **Herbst- und Weinfest** gefeiert.
Die **Landesbühnen Sachsen** bieten als Mehrspartentheater Schauspiel, Ballett, Oper und

Tipp

Mächtig unter Dampf

Vom Bahnhof Radebeul-Ost schnauft die Schmalspurbahn Lößnitzdackel seit 1881 mit maximal 25 km/h nach Radeburg. Aus dem kühlen Lößnitzgrund führt die 16,5 km lange Strecke über die Hochebene bei Friedewald, auf dem 210 m langen Damm über den Dippelsdorfer Teich und durch die Moritzburger Wälder. An Sonn- und Feiertagen verkehren um 10.00 Uhr Traditionszüge mit Holz- und Polsterklasse, Kanonenöfen, handgeknüpften Gepäcknetzen und passend gekleidetem Personal.

Fahrtage und Fahrkartenreservierung auf www.traditionsbahn-radebeul.de

Konzerte, außerdem hinreißende Inszenierungen für Kinder (Meißner Straße 152, Tel. 0351 895 42 14, www.dresden-theater.de).

INFORMATION
Tourist-Information, Hauptstraße 12
01445 Radebeul, Tel. 0351 8 31 18 30
http://tourismus.radebeul.de

4 Freiberg

Die Ende des 12. Jhs. entstandene älteste Bergstadt Sachsens (41 600 Einw.) lohnt unbedingt einen Abstecher. Etwa 400 Bürgerhäuser aus dem 16. und 17. Jh. prägen die Altstadt. Silberabbau (bis 1913) und die Münzstätte sorgten für den Wohlstand des Kurfürstentums Sachsen. 1945–1969 wurden Blei, Zink und Zinn abgebaut. Als erste montanwissenschaftliche Universität der Welt wurde hier 1765 die Bergakademie gegründet.

SEHENSWERT
Am **Obermarkt** mit dem lang gestreckten **Rathaus** (ab 1410, zuletzt 1920 umgebaut; 11.15 und 16.15 Uhr Porzellanglockenspiel mit *Steigerlied*) erinnert der Löwenbrunnen (1897) an den Stadtgründer Otto den Reichen (1125 bis 1190). Als höchstes Bauwerk ragt die **Petrikirche** (15. Jh., Silbermannorgel) 72 m hoch auf. Kunsthistorisch bedeutender ist der spätgotische **Dom St. Marien** TOPZIEL am Untermarkt (1484–1512) mit figurengeschmückter Goldener Pforte aus Sandstein (um 1230) an der Südseite, filigraner Tulpenkanzel (1510, Hans Witten), der Bergmannskanzel (1638) und der größten und ältesten erhaltene Silbermannorgel von 1714 (www.freiberger-dom.de; Besichtigung mit Führung Mai–Okt. Mo.–Sa. 10.00–17.00, So. 11.30–17.00, Nov.–April Mo.–Sa. 11.00–16.00, So. 11.30–16.00 Uhr).

MUSEEN
Im Renaissance-**Schloss Freudenstein** (Urspr. 12. Jh., 1566–1577) präsentiert die Ausstellung **terra mineralia** kristalline Schätze. Wie Edelsteine funkeln die über 3500 Mineralien aus aller Welt; ein begehbarer Kristall und Gullivers-Reise in ein Bergwerk sind weitere Attraktionen (www.terra-mineralia.de; Mo.–Fr. 10.00–17.00, Sa., So. 10.00–18.00 Uhr). Als Bergbauanlagen sind das **Silberbergwerk Reiche Zeche** (Führungen in 150 m Tiefe Mi.–So. 9.00–17.00 Uhr) und der **Schacht Alte Elisabeth** (monatliche Führungen durch die Übertageanlagen) zu besichtigen (beide Bergbauanlagen: www.silberbergwerk-freiberg.de).

VERANSTALTUNGEN
Das **Bergstadtfest** am letzten Juni-Wochenende ist größtes Volksfest der Region; es endet mit der Bergparade. Sehr erzgebirgisch wirkt der **Christmarkt**.

INFORMATION
Tourist-Information, Schloßplatz 6
09599 Freiberg, Tel. 03731 27 36 64
www.freiberg-service.de

Genießen Erleben Erfahren

DuMont Aktiv

Radwandern im Elbland

Der gut ausgebaute Elberadweg gehört zu den beliebtesten Radwanderstrecken in Deutschland. Dank geringer Steigungen ist er vor allem rund um Meißen und Moritzburg attraktiv für Urlaubs- und Wochenendradler.

Einen guten Gesamteindruck des Dresdner Elblandes bietet ein 36 km langer Rundweg von der Elbe nach Moritzburg und zum Lößnitzgrund. Vom Elberadweg bei Coswig führt der Weg zum Hohen Stein im Friedewald mit seinem idyllischen Seerosenteich. Durch das Moritzburger Teichgebiet gelangt man zum Jagdschloss und von dort zum Lößnitzhochland bei Radebeul mit dem Weingutmuseum Hoflößnitz. Hinab ins Tal und durch das hübsche Altkötzschenbroda mit seinen gemütlichen Weinlokalen in alten Dreiseithöfen endet die Tour wieder an der Elbe.

Eine weitere, 25 km lange Rundtour ist bei Meißen ausgeschildert. Sie führt über Nebenstraßen, ausgebaute Feld- und Waldwege durch die Nassau, einem verlandeten Elbarm. Im Friedewald liegt der Fuchsberg, von dem aus sich ein eindrucksvolles Elbtalpanorama bietet. Der Weg beginnt und endet im beschaulichen Elbdorf Sörnewitz.

Weitere Informationen

Unterschiedliche Radwanderrouten führen durch das Sächsische Elbland (z. B.: Elberadweg von Cuxhaven bis Bad Schandau; Rundtour Elbe-Friedewal-Schloss Wackerbarth, 20 km; Rundtour Elbe-Moritzburg-Lößnitzgrund, 36 km; Rundtour Zille-Rundweg, 55 km). Infos zum Elberadweg: www.elberadweg.com, www.dresden-elbland.de. Busse mit Fahrradanhängern verkehren Apr.–Okt. auf ausgewählten Strecken (Verkehrsverbund Oberelbe, www.vvo-online.de).

Ein Spaß für Groß und Klein – der weitgehend flache Elberadweg (im Foto: Blaues Wunder) eignet sich bestens für Familienausflüge mit dem Fahrrad.

Ob süß oder deftig, ob Eierschecke oder Sauerbraten – Sachsen schmeckt.

Service

Keine Reise ohne Planung. Auf den folgenden Seiten haben wir für Sie Wissenswertes und wichtige Informationen für Ihren Dresden-Urlaub zusammengestellt.

Anreise

Mit dem Auto: Von Norden über Berlin (A 13/A 4/E 40), Ausfahrt Dresden-Hellerau ins Zentrum; von Süden über Nürnberg, Hermsdorfer Kreuz und Chemnitz nach Dresden (A 9/E 51 und A 4/E 40) oder über Autobahndreieck Bayerisches Vogtland über Plauen und Zwickau zum Autobahndreieck Chemnitz (A 72/E 441, Anschluss an A 4/E 40); von Westen und Nordwesten über Eisenach, Erfurt, Hermsdorfer Kreuz und Chemnitz nach Dresden (A 4/E 40); von Osten über Görlitz (A 4/E 40) bzw. ab der tschechischen Grenze auf der Autobahn Dresden–Prag (A 17).

Mit der Bahn: Dresden ist von allen großen deutschen, ost- und südeuropäischen Städten (Warschau, Prag, Budapest, Wien, Zürich) direkt zu erreichen (Auskunft Tel. 0180 6 99 66 33 und www.bahn.de).

Mit dem Bus: In den letzten Jahren wurden innerhalb Deutschlands viele preiswerte Fernbusverbindungen aufgebaut. Mittlerweile verkehren Busse regelmäßig von vielen deutschen Städten wie Berlin, Frankfurt/M. und München nach Dresden. Eine Übersicht bietet das Portal www.busliniensuche.de.

Mit dem Flugzeug: Der Flughafen Dresden-Klotzsche, 9 km vom Zentrum entfernt, wird vom Linienverkehr bedient. Die S-Bahn fährt in 30 Min. zum Hauptbahnhof mit Zwischenstopps am Bahnhof Neustadt und in Dresden-Mitte. Mit der Buslinie 77 ab Terminal erreicht man die Straßenbahnlinie 7 in der Innenstadt. Flughafenauskunft Tel. 0351 8 81 33 60 und www.dresden-airport.de.

Tipp

Dresden Welcome Cards

Mit der **Tour Card** gibt es einen geführten Altstadtrundgang inklusive Stadtplan sowie viele Ermäßigungen u.a. bei Touren, Veranstaltungen (2 Tage/11 €). Die **Dresden City Card** umfasst freie Fahrt mit Bus, Straßenbahn und S-Bahn, Vergünstigungen u. a. bei Stadtrundfahrten, Konzerten und Theater, Shopping und Gastronomie (2 Tage 12/17 € pro Pers./Fam.). Die **Dresden Regio Card** (2 Tage 35/47 € pro Pers./Fam.) schließt die Nutzung des Regionalverkehrs im Umland (VVO) ein. Ferner gibt es die zwei Tage gültige **Dresden Museum Card,** die zum freien Eintritt in 14 Museen berechtigt (22 €/Pers.).

www.dresden.de

Auskunft

Dresden Tourismus Gesellschaft, QF-Passage Neumarkt 2 (Besucheranschrift), Prager Straße 2b (Postanschrift), 01069 Dresden, Tel. 0351 50 15 01, www.dresden.de
Tourismusverband Sächsische Schweiz, Bahnhofstraße 21, 01796 Pirna, Tel. 03501 47 01 47, www.saechsische-schweiz.de
Tourismusverband Elbland Dresden e.V., Fabrikstraße 16, 01662 Meißen, Tel. 03521 7 63 50, www.dresden-elbland.de

Einkaufen

Vor Wind und Wetter geschütztes Einkaufen ist in den Einkaufszentren **Altmarktgalerie** (Webergasse), **Centrum-Galerie** (Prager Straße) und dem **Quartier an der Frauenkirche** (QF) am Neumarkt möglich. In der Fußgängerzone Prager Straße gibt es Warenhäuser, internationale Boutiquen und Schuhgeschäfte. Auf der Neustädter Seite lohnt ein Bummel durch die Fußgängerzone **Hauptstraße** mit den Kunsthandwerkerpassagen. Schrille Outfits und originelle Mitbringsel finden sich im Szeneviertel der Neustadt rund um **Alaun- und Louisenstraße.** Ruhiger und gediegener geht es in **Loschwitz am Körnerplatz** zu, an dem sich kleine Geschäfte angesiedelt haben.

Essen und Trinken

Die sächsische Küche ist eher schlicht und herzhaft. Eine **Kartoffelsuppe** findet man auf jeder Speisekarte, fein passiert, mit Majoran gewürzt und einem Wiener Würstchen. Das Traditionsgericht schlechthin ist der **Dresdner Sauerbraten,** der mit Apfelrotkohl und Kartoffelklö-

Im Westen Dresdens beginnt das kleine, aber feine Weinanbaugebiet Sachsens.

ßen serviert wird; die Sauce wird mit Pulsnitzer Speisepfefferkuchen verfeinert. Der **Karpfen** aus heimischen Gewässern wird gebraten oder mit Lauch und Möhren in Wein gegart.
In Sachsens Städten konnten die unvermeidlichen Fast-Food-Ketten die angestammten **Fleischerimbisse** nicht ganz verdrängen. Wer für den kleinen Hunger nicht etwas Vegetarisches sucht, findet hier schmackhafte Angebote. Dazu ein kühles Radeberger Pilsner oder ein gutes Margon-Wasser – Meißner Wein kommt beim Essen eher auf die Festtafel.
Zum Kaffee geht dem Dresdner nichts über seine **Eierschecke**; ob Rosinen hineingehören oder Zucker obenauf, ist einer von vielen liebevoll kultivierten Streitpunkte der Einheimischen. Keine Fragen bleiben beim Dresdner **Christstollen** offen, denn der ist nur echt mit dem goldenen Gütesiegel des Stollen-Schutzverbandes. Für Touristen gibt es das Gebäck das ganze Jahr über, traditionsbewusste Dresdner schneiden es nicht vor dem ersten Advent an.
Gute **Biere** werden in Radeberg gebraut, ebenso in Meißen, obwohl dort wie auch um Radebeul und Pillnitz der Wein im Vordergrund steht.

Feste und Festivals

Januar Glanzvoller Höhepunkt der Ballsaison ist der **Semper-Opernball** mit dem kostenlosen Open-Air-Ball auf dem Theaterplatz.
März–Dez. Beim **Festival Sandstein und Musik** werden Konzerte in Steinbrüchen, Kirchen, Burgen und Schlössern der Sächsischen Schweiz veranstaltet.
April Anziehungspunkt für Cineasten ist das **Filmfest Dresden** mit dem Internationalen Kurzfilm-Festival.
Mai Gute Laune garantiert das **Internationale Dixieland-Festival** in Dresden mit zahlreichen Konzerten, der Riverboat-Shuffle auf den historischen Elbdampfern und der großen Abschlussparade durch die Innenstadt. Höhepunkt für Liebhaber klassischer Musik sind die **Dresdner Musikfestspiele** im Mai und Juni. Zu Pfingsten reiten Cowboys und Indianer beim **Karl-May-Fest** in Radebeul. Keramiken und Kunsthandwerk aus ganz Deutschland gibt es auf dem **Meißner Töpfermarkt** in der Altstadt.
Juni Die Dresdner Neustadt feiert die Bunte Republik. Am letzten Juni-Wochenende steigt das Elbhangfest mit Trödelmarkt, Theater und Konzerten zwischen Loschwitz und Pillnitz. Konzerte, Theater, Literatur und Ausstellungen bietet grenzüberschreitend bis Aug. das Festival Mitte Europa; die Veranstaltungsorte erstrecken sich vom Dresdner Umland über die Sächsische Schweiz bis nach Nordböhmen.
Juli Open-Air-Kino und spektakuläre Konzerte garantieren bis Ende Aug. die **Filmnächte** am Elbufer.
August Hochkarätige Konzerte mit international renommierten Künstlern lässt das **Moritzburg-Festival der klassischen Musik** erleben. Beim **Dresdner Stadtfest** verwandeln sich Altstadt und Elbufer in eine riesige Festmeile. Ende Aug. **Tage des offenen Weingutes** und **Weinfest** in und um Radebeul.
September Töpfermarkt unter dem „Goldenen Reiter" in Dresden am 1. Sept.-Wochenende. Stimmungsvolles **Herbst- und Weinfest** mit Wandertheaterfestival in Radebeul.
Weinfest in Meißen am letzten Sept.-Wochenende. **Hengstparade** in Moritzburg.
Oktober TonLAgen – Dresdner Festival für zeitgenössische Musik in Hellerau im Zwei-Jahres-Rhythmus (nächstes Festival 2018).
Schau- und Abfischen der Moritzburger Teiche am letzten Okt.-Wochenende.
November Internationale Stars und Newcomer der Jazz-Szene präsentieren sich bei den **Dresdner Jazztagen.** Digitale Kunst zeigt das **CYNETart-Festival** in Hellerau.
Dezember Der traditionsreiche **Striezelmarkt** (seit 1434) auf dem Dresdner Altmarkt, der stimmungsvolle **Weihnachtsmarkt** an der Frauenkirche und der mittelalterliche **Weihnachtsmarkt** im Stallhof am Residenzschloss verschönern den Advent.

Fundsachen

Fundbüro der Stadt Dresden, Theaterstraße 13, Tel. 0351 4 88 59 95; Di. und Do. 9.00–18.00, Fr. 9.00–12.00 Uhr. Fundbüro der Deutschen Bahn an der Südseite des Dresdner Hauptbahnhofs unter den Gleisen 2 und 3; Di. und Fr. 12.00 bis 18.00 Uhr.

Öffentlicher Nahverkehr

Die wichtigsten öffentlichen Verkehrsmittel sind Busse und Straßenbahnen. Aus dem Umland erreicht man Dresden mit der S-Bahn (S1: Meißen – Triebischtal – Radebeul – Dresden-Neustadt – Dresden-Hauptbahnhof – Heidenau – Pirna – Rathen – Königstein – Schöna. S2: Dresden – Flughafen – Langebrück – Radeberg – Arnsdorf. S3: Dresden Hauptbahnhof – Freital – Tharandt.

Info

Daten & Fakten

Einwohner: Die Landeshauptstadt Sachsens gehört zu den wenigen wachsenden Städten Ostdeutschlands. Mit 557 000 Einwohnern bekleidet sie hinter Leipzig den zweiten Rang unter den sächsischen Großstädten.
Geografische Lage: Nach letzten Eingemeindungen 1999 erstreckt sich das Stadtgebiet über 328,3 km² entlang der Elbe. Bis zu 150 m breit wird der Fluss, der sich malerisch durch Dresden schlängelt. Die Hälfte des Stadtgebiets ist mit Grün bedeckt; allein das Waldgebiet der Dresdner Heide macht etwa 50 km² aus, hinzu kommen etliche Parkanlagen und die Elbhänge. Im Süden berührt die Stadt bereits die Ausläufer des östlichen Erzgebirges; im Osten schließt sich nach ca. 20 km die Sächsische Schweiz mit dem Elbsandsteingebirge an.
Wirtschaft: Dresden ist als Landeshauptstadt Regierungssitz, außerdem Universitätsstadt und kulturelles Zentrum Sachsens. Als Forschungsstandort (Technische Universität, Max-Planck-, Fraunhofer-, Leibniz-Institute) übt die Stadt eine anhaltende Anziehung auf die Hightech-Industrie aus. Der Autozulieferer Bosch gab 2017 bekannt, in Dresden für eine Milliarde Euro eine Chipfabrik zu bauen: für das Unternehmen die bisher größte Investition seiner Geschichte. Das umfangreiche Kulturangebot und die landschaftlichen Reize der Stadt können neben der wirtschaftsfreundlichen Politik der Landesregierung immer wieder neue Investoren für Dresden begeistern. Die Zahl der Beschäftigten wächst, die Arbeitslosenquote ist 2017 unter 7 % geblieben. So Spektakuläres wie die Einweihung der wiederaufgebauten Frauenkirche kann Dresden nicht immer bieten; doch verzeichnet die Stadt Jahr für Jahr über 4 Mio. Übernachtungen.

Immer noch beliebt: Kutschfahrten in der Altstadt und Dampferfahrten mit der Weißen Flotte

Aktiv lässt sich das Dresdner Umland erkunden, so etwa auf dem Elberadweg die Elbschlösser (im Foto das Lingner-Schloss).

Auskunft Dresdner Verkehrsbetriebe, Tel. 0351 8 57 10 11, www.dvb.de; Verkehrsverbund Oberelbe, Tel. 0351 8 52 65 55, www.vvo-online.de.

Restaurants

Dresden-Altstadt € € € € Intermezzo im Taschenbergpalais, Taschenberg 3, Tel. 0351 4 91 27 12,www.kempinski.com/de/dresden/hotel-taschenbergpalais/dining/restaurant-intermezzo. Elegantes Feinschmecker-Restaurant mit mediterraner Küche.
€ € € € Kastenmeiers, Tzschirnerplatz 3, Tel. 0351 48 48 48 01, www.kastenmeiers.de. Exquisites Fischrestaurant im Kurländer Palais nahe der Frauenkirche.
€ € € € Moritz, An der Frauenkirche 13, Tel. 0351 41 72 70, www.moritz-dresden.de. Ausgefallene Kreationen leichter Gerichte.
€€€€ [m]eatery, Ringstr. 1, Tel. 0351 49 49 80, www.gewandhaus-hotel.de. Feinste Steaks von europäischen und amerikanischen Weiderindern und Fischgerichte.
€€€€ Rossini, An der Frauenkirche 5, Tel. 0351 8 64 28 55. Raffinierte italienisch-französische Gourmet-Küche.
€€€ Italienisches Dörfchen, Theaterplatz 3, Tel. 0351 49 81 60, www.italienisches

Info

Geschichte

1206: Der Ort wird als „Dresdene" erstmals urkundlich erwähnt.
1292: Dresden erhält Stadtrecht.
1423: Sachsen wird Kurfürstentum, Residenz ist Meißen.
1464: Die Wettiner verlegen ihre Residenz nach Dresden. Das dortige Schloss, von Markgraf Wilhelm I. einst vergrößert, wird weiter ausgebaut.
1491: Ein Großbrand zerstört die halbe Stadt.
1539: Herzog Heinrich der Fromme unterstützt die Reformation, Sachsen wird protestantisch.
1547: Herzog Moritz erhält die sächsische Kurwürde für die albertinische Linie der Wettiner.
1560: Im Residenzschloss wird die Kunstkammer eingerichtet.
1694: Friedrich August I. (August der Starke) wird nach dem überraschenden Tod seines älteren Bruders Kurfürst und regiert bis 1733. In dieser Zeit werden Zwinger und die Schlossanlagen in Pillnitz und Moritzburg erbaut. In der Dresdner Altstadt entstehen Kreuzkirche und Frauenkirche. 1697 erlangt Friedrich August die polnische Krone und ist damit als August II. auch König von Polen.
1710: Auf der Albrechtsburg in Meißen wird die Porzellanmanufaktur gegründet.
1806: Nach dem Beitritt zum Rheinbund wird Sachsen Königreich von Napoleons Gnaden. In der Folge werden zwei Drittel des sächsischen Territoriums 1815 auf dem Wiener Kongress Preußen zugesprochen.
1830: Sachsen erhält seine erste Verfassung.
1837: Gründung der Sächsisch-Böhmischen Dampfschifffahrtsgesellschaft.
1839: Eröffnung der Bahnlinie von Dresden nach Leipzig.
1842: Richard Wagner wird Hofkapellmeister am von Gottfried Semper neu gebauten Hoftheater.
1849: Die Revolution erreicht Dresden. Der Maiaufstand, an dem auch Gottfried Semper und Richard Wagner beteiligt sind, wird niedergeschlagen. Architekt und Komponist fliehen aus Dresden.
1866: Sachsen wird Mitglied im Norddeutschen Bund.
1901: Am Loschwitzer Elbhang wird die erste Bergschwebebahn der Welt eröffnet.
1908: Gründung der Gartenstadt Hellerau und der Deutschen Werkstätten.
1920: Dresden wird Hauptstadt des Freistaates Sachsen.
1933: Nationalsozialisten treiben DDP-Oberbürgermeister Wilhelm Külz aus dem Amt.
1945: Britische und amerikanische Bombenangriffe zerstören das Stadtzentrum (13.–15. Febr.). Am 8. Mai besetzt die sowjetische Armee die Stadt.
1946: Sachsens KPD vereinigt sich mit der SPD zur SED.
1952: Nach der Gründung der DDR (1949) wird das Land Sachsen aufgelöst und Dresden Bezirkshauptstadt.
1989: Während Züge mit DDR-Flüchtlingen aus der Prager Botschaft der Bundesrepublik durch Dresden rollen, werden Proteste gegen das DDR-Regime mit Polizeieinsätzen und Festnahmen am Dresdner Hauptbahnhof beantwortet.
1990: Dresden wird erneut Landeshauptstadt des Freistaates Sachsen.
2002: Beim Jahrhunderthochwasser wird mit den Wohngebieten entlang der Elbe auch die Dresdner Altstadt überflutet – verheerende Schäden sind die Folge.
2004: Das Grüne Gewölbe kehrt mit seinen Kunstschätzen ins Residenzschloss zurück.
2005: Am Reformationstag wird die seit 1993 wiederaufgebaute Frauenkirche geweiht.
2009: Der neu gewählte US-Präsident Barack Obama besichtigt zusammen mit Bundeskanzlerin Angela Merkel die Frauenkirche.
2013: Nach jahrelangem Streit und nach Aberkennung des Welterbetitels durch die UNESCO wird im Aug. die Waldschlösschenbrücke für den Verkehr freigegeben.
2014: Im Okt. beginnen in Dresden die montäglichen Protestmärsche von PEGIDA gegen die Asyl- und Einwanderungspolitik Deutschlands.
2015: Dresden erhält den Europapreis.
2017: Start von „Stadtbahn 2020", das Straßenbahn-Neubauvorhaben in Dresden.

Preiskategorien

€ € € €	Hauptspeisen	über 20 €
€ € €	Hauptspeisen	15–20 €
€ €	Hauptspeisen	10–15 €
€	Hauptspeisen	5–10 €

-doerfchen.de. Mehrere Restaurants und Biergarten mit Elbterrasse im historischen Haus.
€€€ **Kahnaletto,** Terrassenufer/Augustusbrücke, Tel. 0351 4 95 30 37, http://kahnaletto.de. Schiffsrestaurant auf der Elbe mit vielfältiger mediterraner Küche aus frischen Zutaten.
€ € € **Pulverturm,** An der Frauenkirche 12, Tel. 0351 26 26 00, https://pulverturm-dresden.de. Deftige Speisen, serviert im schummerigen Gewölbekeller.
€€€ **Radeberger Spezialausschank,** Terrassenufer 1, Tel. 0351 4 84 86 60, www.radeberger-spezialausschank.de. Gemütliche Kneipe im ehemaligen Brückenmeister-Haus an der Brühlschen Terrasse mit sächsischen Speisen.
€ € € **Villa Marie,** Fährgässchen 1, Tel. 0351 31 54 40, www.villa-marie.com. Mediterrane Speisen in gemütlicher Atmosphäre am Blauen Wunder, Elbterrasse.
€€ **Wenzel Prager Bierstuben**, Königstraße 1, Tel. 0351 8 04 20 10, www.wenzel-bierstuben.de. Böhmisch-tschechische Küche und tschechisches Bier in Dresdens Barockstraße.
€€ **Die Burgerei,** Neumarkt 12, Tel. 0351 49 77 35 53, www.widmann-gastronomie.de/restaurants/die-burgerei/html. Vielfältige Burger mit und ohne Fleisch, dazu frische Salate und selbst gemachte Knabbereien.
€ € **Xfresh,** Webergasse 1/Altmarktgalerie, Tel. 0351 4 84 27 91, www.xfresh.de. 70 Pasta-Variationen und leichte mediterrane Küche.

Dresden-Neustadt € € € € **Canaletto,** Große Meißner Straße 15, Tel. 0351 80 50, www.westin-dresden.de. Leichte internationale Spezialitätenküche im gediegenen Ambiente mit Blick auf die Altstadtsilhouette.
€ € € € **Caroussel,** Königstr.14, Tel. 0351 8 00 31 40, www.buelow-palais.de. Klassische französische Küche, serviert auf Meißner Porzellan.
€ € € **Villandry,** Jordanstr.8, Tel. 0351 8 99 67 24, www.villandry.de. Das Restaurant verarbeitet frische, regionale Produkte zu leichten Gerichten; Sommergarten.
€ € **El Espanol,** An der Dreikönigskirche 7, Tel. 0351 8 04 86 70, http://widmann-gastronomie.de/restaurants/el-espanol.html. Gemütliche Tapas-Bar und spanische Küche.
€ € **Via Re,** Königstraße 6, Tel. 0351 8 02 57 97, www.viare.de. Gute italienische Küche in den Mauern einer ehem. Schmiede.
€ **Der Löwe,** Hauptstraße 46, Tel. 0351 8 04 11 38, www.derloewe.de. Deftige deutsche und bulgarische Gerichte.

Umgebung € € € € **Elbterrasse im Hotel Elbresidenz,** Markt 1, Bad Schandau, Tel. 035022 91 99 00, www.toskanaworld.net. Wild- und Fischgerichte in gediegener Atmosphäre.
€ € € **Vincenz Richter,** An der Frauenkirche 12, Meißen, Tel. 03521 45 32 85, www.vincenz-richter.de. Raffinierte regionale Gerichte im historischen Ambiente.
€€€ **Genusswerk,** Lange Straße 33–34, Pirna, Tel. 03501 5 07 04 91, www.restaurant-genusswerk.de. Mediterrane Küche mit regionalen Einflüssen.
€€€ **Churfürstliche Waldschänke Moritzburg,** Große Fasanenstr., Tel.035207 86 00, www.waldschaenke-moritzburg.de. Wildspezialitäten und Fischgerichte.
€ € **Domkeller,** Domplatz 9, Meißen, Tel. 03521 45 76 76, www.domkeller-meissen.com. Sächsische Gerichte und Meißner Biere, schöner Blick über Stadt und Elbe von der Terrasse.
€ € **Goldener Anker,** Altkötzschenbroda 61, Radebeul, Tel. 0351 83 99 01 00, www.goldener-anker-radebeul.de. Regionale Küche im Gewölbekeller, Biergarten.
€ € **Lindenhof,** Rudolf-Sendig-Straße 11, Bad Schandau, Tel.035022 48 90, www.lindenhof-bad-schandau.de. Café & Restaurant „Tilia" mit bürgerlicher Küche, Gartenterrasse.
€ € **Spitzhaus Radebeul,** Spitzhausstraße 36, Radebeul, Tel. 0351 8 30 93 05, http://spitzhaus-radebeul.de. Große Auswahl an deutschen und internationalen Fisch- und Fleischgerichten, überwältigender Panoramablick über Weinhänge und Elbtal, Biergarten.
€€ **Adams Gasthof,** Markt 9, Moritzburg, Tel. 035207 9 97 75, www.adamsgasthof.de. Traditionsgasthaus mit regionaler Küche.

Stadtführungen

Stadtrundfahrten im Doppelstockbus mit Führungen beginnen mehrmals täglich am Theaterplatz, Altmarkt, Dr.-Külz-Ring oder Postplatz (Informationen bei Stadtrundfahrt Dresden, Tel. 0351 8 99 56 70, www.stadtrundfahrt.com). Am Neumarkt warten Fahrradrikschas und Pferdekutschen. Eine Vielzahl thematischer Stadtrundgänge mit kenntnisreichen Führern bietet Igeltour (Tel. 0351 8 04 45 57, www.igeltour-dresden.de).

Unterkunft

Allein Dresden bietet eine große Anzahl Hotels aller Kategorien. Die Stadt erhebt eine gestaffelte Beherbergungssteuert, die ein Fünfzehntel des für die jeweils einzelne Übernachtung geschuldeten Entgeltes beträgt.
Dresden € € € / € € € € **Taschenbergpalais Kempinski,** Taschenberg 3, 01067 Dresden, Tel. 0351 4 91 20, www.kempinski.com/en/dresden/hotel-taschenbergpalais. In der Altstadt direkt an Residenzschloss und Zwinger gelegenes Hotel der Spitzenklasse. Vier verschiedene Restaurants, Cafés und Bars. Mit Hallenbad, Fitnessraum, Sauna, Solarium; im Winter Eisbahn ihm Innenhof. 182 Z., 32 Suiten.
€ € € **Suitess,** An der Frauenkirche 13, 01067 Dresden, Tel. 0351 41 72 70, www.suitess-hotel.com. Nichtraucherhotel mit exquisiter Ausstattung am Dresdner Neumarkt. Wellnessbereich mit Beauty-Spa. 29 Z., 12 Suiten.
€ € € / € € **Bülow Residenz,** Rähnitzgasse 19, 01097 Dresden, Tel. 0351 8 00 32 91, www.buelow-residenz.de. Luxuriöses Ambiente im Barockviertel der Neustadt. Day-Spa und Fitnessbereich im Schwesterhaus Bülow Palais (Königstraße 14). Insgesamt 87 Z.
€€€ **Gewandhaus,** Ringstr.1, 01067 Dresden, Tel. 0351 4 94 90, www.gewandhaus-hotel.de. Boutique-Hotel mit überdachtem Innenhof gleich neben dem Rathaus im barocken Palais. 97 Z. und Suiten.
€€€ **Schloss Eckberg,** Bautzner Str.134, 01099 Dresden,Tel. 0351 8 09 90, www.schloss-eckberg.de. In einem Park am Elbhang gelegen. Aussichtsterrasse, Fitness, Sauna, Beautybereich. 80 Z., 3 Suiten.

Tipp

Zum Weiterlesen

Der Klassiker für die städtebaulichen Schönheiten der Stadt ist Fritz Löfflers **Das alte Dresden,** 1955 erstmals erschienen und seither immer wieder aufgelegt. Sehr schön gestaltet und informativ sind auch die Bildbände der edition Sächsische Zeitung, so der Überblick **800 Jahre Dresden** oder die Gegenüberstellung **Altes und Neues Dresden.** Literarische Beschreibungen des Lebens in der Stadt sind der Klassiker **Als ich ein kleiner Junge war** von Erich Kästner, Uwe Tellkamps Epos **Der Turm** über die bürgerliche Gesellschaft im Villenviertel Weißer Hirsch in den letzten Jahren der DDR sowie Thomas Rosenlöchers Erinnerungen an die Wendezeit **Die verkauften Pflastersteine.** Ralf Günther entführt die Leser mit seinem historischen Kriminalroman **Der Dieb von Dresden** in das frühe 19. Jahrhundert.

Der gewaltige Bau der Centrum-Galerie war nicht unumstritten.

€€€ The Westin Bellevue, Große Meißner Str. 15, 01097 Dresden, Tel. 0351 8050, www.westin-dresden.de. Am Neustädter Elbufer mit Blick auf die Altstadt. Elegantes Interieur, Wellnessbereich mit Pool. 319 Z., 21 Suiten.

€€ art'otel, Ostra-Allee 33, 01067 Dresden, Tel. 0351 4 92 20, www.artotels.com. Designerhotel in der Nähe des Zwingers, mit Grafiken und Skulpturen von A. R. Penck. 155 Z., 19 Suiten.

€ € Dorint, Grunaer Straße 14, 01069 Dresden, Tel. 0351 4 91 50, https://hotel-dresden.dorint.com. Komforthotel zwischen Altstadt und Großem Garten. Sport- und Spa-Bereich mit Pool. 244 Zimmer, 7 Suiten.

€ € Courtyard by Marriott Dresden, Stauffenberg-Allee 25a, 01099 Dresden, Tel. 0351 8 15 10, www.marriott.com/hotels/travel/drscy-courtyard-dresden. Verkehrsgünstig am Rand der Dresdner Neustadt gelegen, modern und zweckmäßig eingerichtet, mit Fitnessraum, Sauna, Pool, Sonnenterrasse. 120 Z., 2 Apt., 1 Suite.

€ € Schlosshotel Pillnitz, August-Böckstiegel-Straße 10, 01326 Dresden, Tel. 0351 2 61 40, www.schlosshotel-pillnitz.de. Privat geführtes Hotel auf dem Schlossgelände.

€ Dresden Newa, Prager Straße 2c, 01069 Dresden, Tel. 0351 4 81 40, www.pullmanhotels.com. Hochhaus in der Fußgängerzone nahe dem Hauptbahnhof. 319 Z.

€ B&B Hotel Dresden, Weißeritzstraße 10, 01067 Dresden, Tel. 0351 65 23 60, www.hotelbb.de. Schlicht und farbenfroh gestaltet, etwas außerhalb der Innenstadt, 131 Z.

€ LaLeLu Mini-Hostel, Königsbrücker Str. 70 (Hinterhaus 1.OG), 01099 Dresden, Tel. 0173 3 51 52 17, www.lalelu-hostel.de. Mit fantasievoll gestalteten Zimmern.

€ Hostel Mondpalast, Louisenstraße 77, 01099 Dresden, Tel. 0351 56 34 05 0, www.mondpalast.de. Mit farbenfrohen Wand- und Deckengemälden. Fahrradverleih.

Jugendherberge Dresden, Maternistraße 22, 01067 Dresden, Tel. 0351 49 26 20, www.jugendherberge-sachsen.de.

Jugendherberge Rudi Arndt, Hübnerstraße 11, 01069 Dresden, Tel. 0351 4 71 06 67, www.jugendherberge-sachsen.de.

Sächsische Schweiz

€ € € / € € Elbresidenz, Markt 1, 01814 Bad Schandau, Tel. 035022 91 90, www.toskanaworld.net. Luxushotel mit großzügigem Spa, Wellness. 211 Z. und Suiten.

€ Parkhotel, Rudolf-Sendig-Straße 12, 01814 Bad Schandau, Tel. 035022 520, www.pura-hotels.de/parkhotel-bad-schandau.html. Freundliche Zimmer mit Elbblick, Saunalandschaft und Beauty-Bereich. 75 Z.

€ Manufakturhotel Wehlen, Markt 9, 01829 Stadt Wehlen, Tel. 035024 7 91 10, www.manufakturhotel.de. Direkt an der Elbe gelegen, 26 Z., Suite, Familienzimmer.

Preiskategorien

€ € € €	Doppelzimmer	über 200 €
€ € €	Doppelzimmer	150–200 €
€ €	Doppelzimmer	100–150 €
€	Doppelzimmer	50–100 €

Elbland

€ € / € Parkhotel Meißen, Hafenstraße 27–31, 01662 Meißen, Tel. 03521 7 22 50, https://hotel-meissen.dorint.com. Jugendstilgebäude gegenüber dem Burgberg, Wellnessbereich. 93 Z., 4 Suiten.

€ € / € Goldener Löwe, Heinrichsplatz 6, 01662 Meißen, Tel. 03521 4 11 10, www.goldener-loewe-meissen.com. Stilvoll eingerichtetes, gemütliches Hotel in der Altstadt, 36 Z.

€ € / € Radisson Blu Park Hotel, Nizzastraße 55, 01445 Radebeul, Tel. 0351 8 32 10, www.parkhotel-dresden.com. Moderne Anlage nahe den Radebeuler Weinbergen mit großzügigem Wellness-Bereich. 450 Z. und Suiten.

€ Churfürstliche Waldschänke, Große Fasanenstraße, 01468 Moritzburg, Tel. 035207 86 00, www.waldschaenke-moritzburg.de. Denkmalgeschützter Bau mit modernem Bettenhaus im waldigen Garten. 29 Z., 4 Suiten.

Der Dresdner Neumarkt hat wieder etwas von seiner früheren Gemütlichkeit

Register

Impressum

5. Auflage 2018

Verlag: DuMont Reiseverlag, Postfach 3151, 73751 Ostfildern, Tel. 0711 45 02-0, Fax 0711 45 02-135, www.dumontreise.de
Geschäftsführer: Dr. Thomas Brinkmann, Dr. Stephanie Mair-Huydts
Programmleitung: Birgit Borowski
Redaktion und Aktualisierung 2018: Achim Bourmer, Berlin
Text: Astrid Pawassar, Dresden
Exklusiv-Fotografie: Ernst Wrba, Wiesbaden
Titelbild: laif/Georg Knoll (Blick auf Kathedrale)
Zusätzliches Bildmaterial: S. 5 u. picture-alliance/dpa, S. 7 l. DuMont Bildarchiv/Thomas Härtrich, S. 8/9 Bildagentur Huber/S. Raccanello, S. 10/11 mauritius images/imagebroker/Marc Rasmus, S. 18/19 DuMont Bildarchiv/Martin Kirchner, S. 20 l. o. LOOK-foto/Heinz Wohner, S. 20 l. u. mauritius images/Alamy, S. 20 r. picture-alliance/ZB, S. 21 l. o. Vectorstock/Multirealism, S. 21 l. u. LOOK-foto/Bernard van Dierendonck, S. 21 r. o. vario images/imagebroker, S. 21 r. u. Citybeach Dresden, S. 39 o. mauritius images/Alamy, S. 45 u. Sächsische Staatskapelle Dresden/Matthias Creutziger, S. 49 u. Staatliche Kunstsammlungen Dresden/Jürgen Lösel, S. 52 u. Staatliche Kunstsammlungen Dresden, S. 52 o. und 53 Staatliche Kunstsammlungen Dresden/David Brandt, S. 55 l. LOOK-foto/H. & D. Zielske, S. 55 r. o. DuMont Bildarchiv/Martin Kirchner, S. 55 u. picture-alliance/ZB, S. 57 o. mauritius images/DK Images, S. 57 u. Bianka Stübing, S. 64 l. o. laif/Dorothea Schmid, S. 64 l. u. Lloyds Café und Bar, S. 64 r. Café Schinkelwache, S. 65 l. mauritius images/foodcollection, S. 65 r. Hofcafé, S. 67 u. laif/Peter Hirth, S. 68 r. o. LOOK-foto/Thomas Stankiewicz, S. 68 u. picture alliance/chromorange/Ullrich Gnoth, S. 69 picture alliance/ZB, S. 78 o. Vectorstock/Multirealism, S. 78 u. l. Karl May Bar, S. 78 u. r. Getty Images/Chris Ryan, S. 79 o. l. Getty Images/Fuse, S. 79 o. r. Blue Note Club & Bar, S. 79 u. Innside Dresden, S. 82 l. mauritius images/Ernst Wrba, S. 83 o. picture-alliance/dpa, S. 83 u. LOOK-foto/H. & D. Zielske, S. 84/85 LOOK-foto/Tobias Richter, S. 97 l. mauritius images/Westend61, S. 114 l. o. DuMont Bildarchiv/Johann Scheibner, S. 114 u. DuMont Bildarchiv/Martin Kirchner, S. 115 o. Getty Images/mlacn61, S. 116 u. DuMont Bildarchiv/Johann Scheibner
Grafische Konzeption, Art Direktion, Layout: fpm factor product münchen
Cover Gestaltung: Neue Gestaltung, Berlin
Kartografie: © MAIRDUMONT GmbH & Co. KG, Ostfildern
Kartografie Lawall (Karten für „Unsere Favoriten")
DuMont Bildarchiv: Marco-Polo-Straße 1, 73760 Ostfildern, Tel. 0711 45 02-266, Fax 0711 45 02-1006, bildarchiv@mairdumont.com

 Erscheinungsweise: monatlich.

Anzeigenvermarktung: MAIRDUMONT MEDIA, Tel. 0711 450 20, Fax 0711 4502-1012, media@mairdumont.com, http://media.mairdumont.com
Vertrieb Zeitschriftenhandel: PARTNER Medienservices GmbH, Postfach 810420, 70521 Stuttgart, Tel. 0711 72 52-212, Fax 0711 72 52-320
Vertrieb Abonnement: Leserservice DuMont Bildatlas, Zenit Pressevertrieb GmbH, Postfach 810640, 70523 Stuttgart, Tel. 0711 72 52-265, Fax 0711 72 52-333, dumontreise@zenit-presse.de
Vertrieb Buchhandel und Einzelhefte: MAIRDUMONT GmbH & Co. KG, Marco-Polo-Straße 1, 73760 Ostfildern, Tel. 0711 4502-0, Fax 0711 45 02-340
Reproduktionen: PPP Pre Print Partner GmbH & Co. KG, Köln
Druck und buchbinderische Verarbeitung: NEEF + STUMME premium printing GmbH & Co. KG, Wittingen, Printed in Germany

FSC
www.fsc.org
MIX
Papier aus verantwortungsvollen Quellen
FSC® C001857

Lieferbare Ausgaben

Hamburg

Deutschlands Tor zur Welt
Der Hafen ist das Aushängeschild der Hansestadt.

Urbane Visionen
Aus alten Hafenvierteln werden trendige Stadtteile.

Shopping hanseatisch
Hamburger Trend-Labels und Traditionshäuser, hier kaufen Sie zwar nicht günstig, aber gut!

Korsika

Strand und Berge
Wir präsentieren die Traumstrände und die schönsten Wanderwege.

Asterix auf Korsika ...
... persifliert das Leben der Bewohner – oder sind alles nur Klischees?

Echt korsisch
Wo Sie ausgefallene Produkte und originelle Geschäfte finden, wir verraten es.

www.dumontreise.de

DEUTSCHLAND
119 Allgäu
092 Altmühltal
105 Bayerischer Wald
180 Berlin
162 Bodensee
175 Chiemgau, Berchtesgadener Land
013 Dresden, Sächsische Schweiz
152 Eifel, Aachen
157 Elbe und Weser, Bremen
168 Franken
020 Frankfurt, Rhein-Main
112 Freiburg, Basel, Colmar
028 Hamburg
026 Hannover zwischen Harz und Heide
042 Harz
023 Leipzig, Halle, Magdeburg
131 Lüneburger Heide, Wendland
188 Mecklenburgische Seen
038 Mecklenburg-Vorpommern
033 Mosel
190 München
047 Münsterland
015 Nordseeküste Schleswig-Holstein
006 Oberbayern
161 Odenwald, Heidelberg
035 Osnabrücker Land, Emsland
002 Ostfriesland, Oldenburger Land
164 Ostseeküste Mecklenburg-Vorpommern
154 Ostseeküste Schleswig-Holstein
201 Pfalz
040 Rhein zw. Köln und Mainz
185 Rhön
186 Rügen, Usedom, Hiddensee
137 Ruhrgebiet
149 Saarland
182 Sachsen
081 Sachsen-Anhalt
117 Sauerland, Siegerland
159 Schwarzwald Norden
045 Schwarzwald Süden
018 Spreewald, Lausitz
008 Stuttgart, Schwäbische Alb
141 Sylt, Amrum, Föhr
142 Teutoburger Wald
170 Thüringen
037 Weserbergland
173 Wiesbaden, Rheingau

BENELUX
156 Amsterdam
011 Flandern, Brüssel
179 Niederlande

FRANKREICH
177 Bretagne
021 Côte d'Azur
032 Elsass
009 Frankreich Süden Okzitanien
019 Korsika
071 Normandie
001 Paris
198 Provence

GROSSBRITANNIEN/IRLAND
187 Irland
202 London
189 Schottland
030 Südengland

ITALIEN/MALTA/KROATIEN
181 Apulien, Kalabrien
017 Gardasee, Trentino
110 Golf von Neapel, Kampanien
163 Istrien, Kvarner Bucht
128 Italien, Norden
005 Kroatische Adriaküste
167 Malta
155 Oberitalienische Seen
158 Piemont, Turin
014 Rom
165 Sardinien
003 Sizilien
140 Südtirol
039 Toskana
091 Venedig, Venetien

GRIECHENLAND/ ZYPERN/TÜRKEI
034 Istanbul
016 Kreta
176 Türkische Südküste, Antalya
148 Zypern

MITTEL- UND OSTEUROPA
104 Baltikum
094 Danzig, Ostsee, Masuren
169 Krakau, Breslau, Polen Süden
044 Prag
193 St. Petersburg

ÖSTERREICH/SCHWEIZ
192 Kärnten
004 Salzburger Land
196 Schweiz
144 Tirol
197 Wien

SPANIEN/PORTUGAL
043 Algarve
093 Andalusien
150 Barcelona
025 Gran Canaria, Fuerteventura, Lanzarote
172 Kanarische Inseln
199 Lissabon
124 Madeira
174 Mallorca
007 Spanien Norden, Jakobsweg
118 Teneriffa, La Palma, La Gomera , El Hierro

SKANDINAVIEN/NORDEUROPA
166 Dänemark
153 Hurtigruten
029 Island
200 Norwegen Norden
178 Norwegen Süden
151 Schweden Süden, Stockholm

LÄNDERÜBERGREIFENDE BÄNDE
123 Donau – Von der Quelle bis zur Mündung
112 Freiburg, Basel, Colmar

AUSSEREUROPÄISCHE ZIELE
183 Australien Osten, Sydney
109 Australien Süden, Westen
195 Costa Rica
024 Dubai, Abu Dhabi, VAE
160 Florida
036 Indien
027 Israel, Palästina
111 Kalifornien
031 Kanada Osten
191 Kanada Westen
171 Kuba
022 Namibia
194 Neuseeland
041 New York
184 Sri Lanka
048 Südafrika
012 Thailand
046 Vietnam